LES DONS
DES ENFANS
DE LATONE:
LA MUSIQUE
ET
LA CHASSE DU CERF,

Poëmes dédiés au Roy.

A PARIS,

Chés { PIERRE PRAULT, Quay de Gêvres, au Paradis.
JEAN DESAINT, ruë S. Jean-de-Beauvais.
JACQUES GUERIN, Quay des Auguſtins.

M. DCC. XXXIV.
AVEC APPROBATION ET PRIVILEGE DU ROY.

Jean Serré de Rieux

Les Dons des Enfans de Latone:
La Musique et la Chasse du Cerf.
Poëmes dédiés au Roy.

Published Paris, 1734.

Republished Travis & Emery 2009.

Published by
Travis & Emery Music Bookshop
17 Cecil Court, London, WC2N 4EZ, United Kingdom.
(+44) 20 7240 2129
neworders@travis-and-emery.com

ISBN Hardback: 978-1-84955-044-4
Paperback: 978-1-84955-045-1

Jean Serré de Rieux

Les Dons des Enfans de Latone:
La Musique et la Chasse du Cerf.
Poëmes dédiés au Roy.

Contents:

- v Au Roy [Epitre]
- ix Préface
- 1 Apollon, ou l'Origine des Spectacles en Musique, Poëme. Premiere Partie.
- 123 Catalogue Chronologique des opera representés en France depuis l'année 1645 où ils ont commencé de paroître, jusqu'à présent.- (1733)
- 147 Diane ou les Loix de la Chasse du Cerf, Poëme. Seconde Partie.
- 273 Dictionaire des Termes Usités dans la Chasse du Cerf.-
- 297 Nouvelle Chasse du Cerf, Divertissement en Musique; Composé de Plusieurs Airs Parodiés sur les Opera d'Angleterre: Avec Différentes Symphonies Estranges.
- 317 Parodies sur les Fanfares
- 1 Tons de Chasse et Fanfares à Une et Deux Trompes Composées par Mr. De Dampierre ...
- 1 Remarques sur la Musique.
- 1 Larcin de l'Amour.

© Travis & Emery 2009.

LES DONS
DES ENFANS
DE
LATONE.

LES DONS
DES ENFANS
DE LATONE:
LA MUSIQUE
ET
LA CHASSE DU CERF,

Poëmes dédiés au Roy.

A PARIS,

Chés
- Pierre Prault, Quay de Gêvres, au Paradis.
- Jean Desaint, ruë S. Jean-de-Beauvais.
- Jacques Guerin, Quay des Augustins.

M. DCC. XXXIV.
Avec Approbation et Privilege du Roy.

AU ROY.

IGNE préfent des Dieux, doux fruit de leur largeffe,

GRAND ROY, dont la bonté, la grace, la fageffe,

Enchantent des FRANÇOIS les regards & le cœur,

Pendant que ton NOM vôle & feme la terreur,

Avant d'entrer au char que t'aprête BELLONE,

Reçoi les Dons flateurs des Enfans de LATONE.

Déjà leurs tendres foins ont veillé fur tes jours,
Et de tes premiers ans ont embelli le cours :
DIANE, du repos ennemie invincible,
Rendit aux paffions ton ame inacceffible,
Elle t'offrit des Jeux aux Heros deftinés,
Repouffa loin de Toi les traits effeminés ;
Et dans l'âge où les fens excitent tant d'orages,
Garentit ta vertu du plus grand des naufrages.
Les plaifirs que fon art étale dans ta Cour,
Ont marqué les progrès que tu fis chaque jour.
La Déeffe n'a plus de fecrets à t'apprendre :
De fes fçavantes loix interprête encor tendre,
Tu rends des jugemens fages & raifonnés,
Que n'oferoient porter des Veneurs furannés ;
Et les prix amufans d'une douce victoire,
Te retracent les traits de la folide gloire :

EPITRE.

C'est elle qui t'enflame & qui force ton bras
D'aller porter la guerre en différens climats,
Pour maintenir les droits d'un peuple qu'on opprime,
Quand il appelle un Roy d'une voix unanime.

MAIS que ne dois-tu pas au zéle d'APOLLON?
Est-il quelque détour dans le sacré Vallon,
Où de ses feux féconds la lumineuse trace
N'ait ouvert à tes yeux les tréfors du Parnasse?
Un Guide que ce Dieu lui-même t'a donné,
Dans le champ des beaux Arts long-tems t'a promené;
Il porta devant Toi le flambeau qui t'éclaire,
Ta sagesse est son bien, ta gloire est son salaire.
Sans doute dans le cours de ses doctes leçons,
Il ne fit point entrer la Science des Sons;
PHOEBUS se reservoit le droit de t'en instruire :

Ecoute les accens que vient t'offrir sa Lyre ;
D'une Muse empressée il soûtient les efforts,
Pour t'annoncer les Loix de ses divins accords.

De deux Divinités comble donc l'espérance,
Si Diane est pour Toy digne de préférence,
Que quelquefois le Frere aux travaux de sa Sœur,
Fasse des tendres Sons succeder la douceur.
Leur objet est le même, &, toûjours légitime,
A l'abry des remords, loin des sentiers du crime,
Excite sans fureur de généreux transports,
Ou de l'ame sensible anime les ressorts.

PRÉFACE.

L'Accueil favorable dont quelques perſonnes ont honoré un Poëme ſur la Muſique en forme d'Epître, qui parut en 1714. édition de Hollande & enſuite de Lyon, m'a engagé à le revoir avec plus d'exactitude, & à lui procurer, autant qu'il étoit en moi, une nouvelle grace. Ce Poëme contient une Diſſertation ſur le progrès de la Muſique, ſoit en France, ſoit en Italie, depuis un ſiecle ou environ : il met dans la balance les Opera des deux Nations ; il porte une déciſion ſur le mérite des différens auteurs, & propoſe le moyen de les réünir dans le véritable point du bon goût, qui doit être le principal objet de la Muſique. J'ai cru que pour rendre cet Ouvrage complet, il falloit reprendre la matiere de plus loin, remonter à la fource, établir les Principes du Chant, les Regles de la Compofition en abregé, la Formation des divers Inftrumens, l'Origine des Spectacles en Mufique, & conduire enfin la connoiffance jufqu'à l'époque où l'Epître, qui a déjà paru, a commencé fon hiftoire.

Dans ce deffein l'on ne pouvoit refufer à APOLLON l'Invention d'un Art que tous les fiecles lui ont accordée. Cette idée fourniffoit une action dans laquelle les Divinités connuës entrent naturellement, fans qu'on foit obligé de perfonnifier des attributs qui répugnent même dans la Peinture, quand ils ne font pas autorifés par la Fable. PAN, l'AMOUR, PALLAS, les Syrenes fembloient s'offrir d'elles-mêmes à relever l'action d'Apollon, & à le feconder dans l'Etabliffement du Spectacle en Mufique.

PRÉFACE.

Je dois la premiere pensée de cet Ouvrage à un petit Poëme Latin composé il y a vingt ans par une personne distinguée par ses talens. L'idée m'en a paru heureuse, & j'ai cru pouvoir l'étendre pour parvenir au but que je me suis proposé, d'expliquer d'une maniere fabuleuse la Science des Sons & l'Origine d'un Spectacle, que presque toutes les Muses à la fois s'empressent de rendre aussi amusant que magnifique.

Le Poëme est divisé en quatre Chants. On verra dans le premier la Formation de la Voix, la maniere dont l'oreille la reçoit, & tous les principaux Elemens de la Musique enseignés par A-POLLON. On ne peut s'empêcher d'avoüer que ce Chant a plus coûté que les autres par la nécessité qu'on s'est imposée de développer avec netteté & précision les Principes du Chant & quel-

PRÉFACE.

ques Regles de la Composition. Je me trouverai heureux si je parviens à me faire entendre des véritables Connoisseurs. Le secours des Remarques instruira suffisamment ceux dont la connoissance est moins étenduë. A l'égard des autres personnes qui n'ont aucune teinture des termes de l'Harmonie, elles auront à essuyer une cinquantaine de Vers dont les expressions indispensables les pourront effrayer ; mais on se flate qu'elles trouveront dans les trois autres Chants des idées plus familieres & plus connuës de tout le monde.

ERRATA.

Page 16. Vers 1. l'envie, *lisez* l'envi.
Page 68. 1; *lig.* des Nores. Lambert, *lisez* Cambert.
Page 70. Idem.
Page 154. *lig.* 14. Italiques, *ajoutez* & Majuscules.

APOLLON,
OU
L'ORIGINE DES SPECTACLES
EN MUSIQUE,
POEME.

Premiere Partie.

APOLLON,
OU
L'ORIGINE DES SPECTACLES EN MUSIQUE,
POEME.

CHANT PREMIER.

E chante l'art des sons, & le divin Génie
Qui daigna sur la terre apporter l'Harmonie,
Et qui par un concours de flexibles ressorts ;
Du Concert Dramatique étala les trésors.

Favorise, APOLLON, le zele qui m'anime ;
Daigne accepter encor l'hommage de ma rime ;
Toi qui donnas la voix aux corps inanimés,
Seconde des transports pour ta gloire allumés :
Sans le secours puissant d'une force suprême,
Puis-je tracer tes loix, & te peindre toi-même ?
Viens conduire les traits d'un timide pinceau,
Et du plus beau des Arts fais briller le tableau.

DANS l'instant fortuné de cette heure premiere,
Où pour voir du Soleil la naissante lumiere,
Pour contempler le ciel, & la terre, & les mers,
Et du monde créé les miracles divers,
L'homme eut reçû des Dieux auteurs de la nature
De l'œil qui le conduit l'admirable parure,
De la parole encor il en obtint le don,

Et l'art ingénieux d'en varier le ton.

Des organes placés fous un canal fonore

Furent les inftrumens qui la firent éclore :

L'air dans un fein fécond eft à peine reçû,

Que le fon auffitôt repouffé que conçû,

D'un flexible gofier s'ouvrant la trace humide,

Se fait entendre au gré du foufle qui le guide.

Des mufcles, des tendons au paffage attachés,

En bordent les contours plus ou moins relâchés;

S'ils fe ferrent, le fon avec éclat fe lance;

S'ils s'ouvrent, il groffit : de cette différence,

Du Grave ou de l'Aigu naît le genre oppofé;

Entr'eux fe forme encore un ordre compofé,

Dont les accens fuivis, s'élevent, ou defcendent

Se détachent par bonds, voltigent, ou s'étendent.

Pour l'homme c'étoit peu de parler & de voir,

Si de s'oüir foi-même il n'eût eu le pouvoir :
Ainfi qu'aux champs de MARS la tymbale bruyante
Eſt infenſible aux tons qu'elle-même elle enfante,
Les ſons dont la douceur peut enchaîner l'ennui,
Inutiles tréſors, étoient perdus pour lui.
Mais à ſa tête enfin la mere des merveilles
En figure de conque attacha deux oreilles :
Oeuvre de la Nature & ſublime & profond!
C'eſt ici le prodige où l'eſprit ſe confond:
Trois oſſelets legers que cet étui renferme,
L'un par l'autre frappés, trouvent un nerf pour terme.
Sitôt que pénétrant ces tortueux détours,
La voix juſques au fond a prolongé ſon cours,
Du même mouvement dont elle fut pouſſée,
Elle heurte des os la ſuite compaſſée.
Le premier ſous la forme & le nom d'un marteau,

CHANT PREMIER.

N'est pas plûtôt frapé d'un froissement nouveau,
Qu'il le rend à l'instant dans le même volume,
Au second qui le suit, & qui lui sert d'enclume.
Cette enclume à son tour fait fremir son soutien :
Là le nerf attaché par un leger lien,
De cette impulsion sentant la violence,
Du son dans le cerveau porte la connoissance;
Qui telle qu'en une voute ou d'yvoire ou d'airain,
Retentit, & des voix forme l'écho certain.

De l'oüye, & du son quel que fût l'avantage,
Du chant aux premiers tems on connut peu l'usage;
La Mélodie encor ne perçoit point les airs,
Lorsqu'Apollon sensible au bien de l'univers,
Irrité de la voir trop long-tems ignorée,
Pour l'enseigner sortit de la voute azurée.

Il descend où l'AMPRHISE étend ses claires eaux ;
Doux azile où d'ADMETE il garda les troupeaux.
Là sous un ciel serein, de feuillage en feuillage,
Les oyseaux voltigeant accordoient leur ramage.
Les bergers attirés par un charme si doux,
De ce bruyant concert admirateurs jaloux,
Osoient faire au destin une injuste querelle,
De les priver d'un bien dont jouit PHILOMELE.
Cessez, leur dit PHOEBUS, ces regrets envieux :
Quoi ! vous sied-il, Bergers, de vous plaindre des Dieux?
Le tendre Rossignol dans son brillant délire,
Entre tous les oyseaux mérite qu'on l'admire :
De sa legere voix il sçait en cent façons,
Enfler, diminuer, & déguiser les sons ;
Il l'éleve, l'abbaise, ou la tient en balance,
La brise par les coups d'une égale Cadence,

CHANT PREMIER.

Semble exprimer les feux dont son cœur est épris.
Mais sur lui doutez-vous de remporter le prix ?
Ah ! cessez d'ignorer la douceur infinie,
Qu'à la voix cultivée adjoute l'harmonie ;
Ecoutez-moi : je vais découvrir à vos yeux
Les mysteres d'un art inventé pour les Dieux.

Sur l'espace prescrit de cinq lignes égales,
Sont étendus huit sons, montant sept intervales,
Qui connus sous des noms à l'art seul consacrez,
De l'Echelle Harmonique (*a*) étalent les dégrez.
Les Notes (*b*) qui plus loin transgressent cette enclave,
Echos des mêmes sons, en repliquent l'Octave.
Les sons (*c*) également ne sont pas divisés ;
Deux Semi-tons entr'eux furent interposés ;
La Tierce qui du ton maîtrise la Cadence,

Sous deux Modes (*d*) divers en offre l'ordonnance.
Le son peut s'affoiblir ou peut être haussé :
Près du flanc de la Note (*e*) un Diéze placé
D'un Semi-ton l'éleve, ainsi que la rabaisse
Le languissant B mol qui l'annonce & la presse.

TEL qu'un timon guidé par une docte main,
Trace au vaisseau flottant son humide chemin ;
Telles on voit trois Clefs ouvrir dans la Musique,
Par quatre endroits divers la route Mélodique.
En tête (*f*) de la ligne elles doivent s'asseoir,
Et réglant de la voix la marche & le pouvoir,
Par un ordre certain déterminent les traces
Des Tailles, des Dessus, Hautes-contres & Basses.
A quinze sons au plus leur cours est limité ;
La voix perd au de-là, sa force & sa beauté.

CHANT PREMIER.

Gardez-vous de penser qu'errant à l'avanture,
Les sons doivent marcher sans regle, sans mesure;
Les pas en sont comptés; les divers mouvemens
S'asservissent aux loix (*g*) de deux ou de trois tems.
Les signes composés, sans en changer l'espece,
Ne servent qu'à marquer le dégré de vitesse.
Chaque Note (*h*) avec soi presente sa valeur:
Deux Blanches de la Ronde égalent la lenteur;
Deux Noires & la Blanche occupent même place:
Par deux Croches la Noire à son tour se remplace:
La Croche sur deux parts répand encore son poids:
La Note (*i*) même absente, a sa marque & ses droits.
La Pause, le Soupir, le Point & le Silence
Sont pesés avec elle, & mis dans la balance.

Parcourez, il est tems, les accens mesurés,

Interrompez, montez, defcendez les dégrés :
Heurtez contr'eux le fon d'une baffe immobile :
Leur choc (*k*) eft un accord ou plus ou moins facile.
Que l'oreille fevere en juge fainement;
Si l'intervale plaît & frape finement,
Donnez à cet accent le nom de Confonance;
S'il bleffe, ou s'il eft dur, c'eft une Diffonance.
Octave, Tierce, Quinte, (*l*) uniffez vos attraits;
Ofez feules briller dans les accords parfaits.
Douce Tierce, du Mode arbitre & Médiante,
Votre Corde (*m*) jamais ne fera trop fréquente;
Vos Compagnes envain ufurperoient vos droits;
Avec peine de fuite on les entend deux fois.
La Sixte de la Tierce (*n*) emprunte l'avantage;
La Quarte (*o*) de fon fort incertaine, & volage,
Dépend de fes rapports, Confonante à demi,

Et déserte souvent dans le camp ennemi,

C'est dans ce lieu sauvage, où Septiéme & Seconde (*p*),

De leurs sons discordans ébranleroient le monde,

Si l'art amolissant leur vive dureté

N'en émoussoit les traits de fiel & d'âpreté ;

Plus aigres que l'acier que la fournaise allume,

Quand par des coups aigus il sonne sous l'enclume.

Cependant, des accords que vous voulez unir,

Ne croyez (*q*) pas, Bergers, qu'on les doive bannir:

Ainsi que par le miel l'absinte est adoucie,

Avec le dur accent le son doux s'associe;

Par les justes accords les faux tons temperés,

Sauvés avec adresse, avec art preparés,

Prêtent un riche éclat à l'ouvrage harmonique,

Et répandent sur lui le feu du sel attique.

Mais c'est trop vous en dire, & plus que je ne veux;

Aux Modes naturels il faut fixer vos vœux : *

Ne portez pas plus loin vos soins ni votre vûë,

Par des sons dissonans, vôtre ame trop émüe,

Contre son innocence & contre sa raison,

Y trouveroit peut-être un dangereux poison;

Les Dieux seuls à leur gré vertueux, invincibles,

Se reservent pour eux ces délices sensibles.

Chantez, qui vous arrête ? & que vos airs nouveaux

Fassent mourir de honte ou taire les oyseaux;

La Nature à leurs chants a prescrit des limites;

Les vôtres seuls jamais n'ont de bornes prescrites.

Aux differens sujets docile à se prêter,

Il n'est rien que le son n'ait le droit d'imiter;

* Apollon n'apprend point aux mortels les sons transposés par les Diézes ni par les B mols, ni les fausses dissonances dont la sensibilité lui paroît dangereuse pour eux.

Des fentimens divers l'organe & l'interprete,

Il révele du cœur l'impreffion fecrete.

Mais ne vous trompez pas; il ne fied pas à tous

De faire de la voix un ufage fi doux;

Il en eft dont la langue au palais enchaînée,

Sous des liens épais paroît emprifonnée;

D'autres dont la voix rauque & l'aride gozier,

Rebelles à tous fons ne peuvent fe plier;

Dont le défaut d'haleine énerve la Cadence;

La Nature à jamais leur impofe filence.

Ce don n'eft refervé qu'aux mortels dont le fein

Exhale fans effort un foufle libre & fain;

Dont le flanc ferme enfante une voix nette & claire:

Qu'ils chantent: que de l'art ils creufent le myftere.

Il fuffit: je vous laiffe; affez par ces leçons

Des Modes naturels vous connoîtrez les fons.

APOLLON,
OU
L'ORIGINE DES SPECTACLES
EN MUSIQUE,
POEME.

CHANT SECOND.

ELS que dans le Primtems les oyseaux amou-
reux,

Enflamés de désirs, enyvrés de leurs feux,

Par les chants les plus doux qu'inspire l'allegresse,

Disputent à l'envie le prix de la tendresse ;

Tels les Bergers épris des harmoniques sons,

De PHOEBUS nuit & jour répétant les leçons,

Par des vers consacrés à la reconnoissance,

Célébroient de ce Dieu la gloire & la science.

Ces exemples passant jusques dans les cités,

Et des Grands & des Rois sont bientôt imités.

La diversité même & du sexe & de l'âge,

Ne sert qu'à redoubler un plus constant hommage.

MINERVE sans dépit ne peut voir les mortels

Quitter pour APOLLON son culte & ses autels.

Elle descend des Cieux, & la Déesse austere

Laisse échaper ces mots dictés par la colere :

Quoi donc on m'abandonne ! & mes dons & les arts

N'ont-ils pas mérité de plus justes égards ?

Sous l'écorce d'un Pin, sous des feuilles legeres,

L'homme

L'homme du froid cuisant ressentoit les miseres,
Je l'ai vêtu; pour lui, mes soins ont révelé
L'art de tramer le lin, après l'avoir filé.
Il erroit dans les champs, sans abri, sans azyles;
Je lui donnai des toits, je lui bâtis des villes :
Un aliment sauvage affoiblissoit son corps,
De la terre pour lui j'ouvris tous les tresors.
Mais qu'a produit enfin ma faveur épuisée?
Phoebus a tout l'encens, Minerve est méprisée....
Par hazard la Déesse apperçoit des roseaux,
Qui d'un ruisseau voisin bordoient les claires eaux :
Le murmure qu'entr'eux excite le Zephire,
Par un nouvel espoir & la flatte & l'attire;
Bannissons les ennuis qui venoient me presser;
Ah! dit-elle, Phoebus, il faut te surpasser.
Tu reglas, il est vrai, la voix déjà formée;

Je vais faire chanter la plante inanimée.....

Elle dit, & soudain le docile roseau

Devient entre ses doits un chef-d'œuvre nouveau ;

Elle l'applique aux bords de ses levres vermeilles ;

Il en sort mille sons qui charment les oreilles.

Ce plaisir dura peu : le paisible ruisseau

A peine eut retracé son image dans l'eau,

Qu'un trouble la saisit ; ses regards plus timides

Lui font voir à regret son front chargé de rides,

De ses sourcils froncés les cercles ravalés,

Ses traits nobles & doux par le soufle gonflés ;

Elle en rougit de honte, & quittant le rivage,

Abandonne aux mortels le fruit de son ouvrage.

Cependant au travers des feüillages épais,

Les sons avoient percé jusqu'au Dieu des forêts :

CHANT SECOND.

PAN se leve, & surpris se hâte de se rendre

Vers le lieu d'où le son vient de se faire entendre,

Au milieu du débris de cent roseaux épars,

Sur le nouvel ouvrage il jette ses regards :

Le canal qui le perce également concave,

Sous l'empire des mains y tient le son esclave.

Sa tête s'exténuë en courbe finissant ;

L'autre bout évasé s'ouvre en s'arondissant.

Sept trous dans un long ordre arrangés par mesure,

Divisent de ce corps l'harmonique figure.

Le premier plus ouvert, des autres détaché (*)

Rend tout l'air qu'il reçoit & n'est jamais bouché.

A ce tendre roseau le Dieu de l'Arcadie

Applique tout à coup une levre hardie ;

Du Lyrique talent la gloire le saisit :

(*) Trou d'une forme quarrée au-dessous de l'embouchure de la Flûte à bec.

(Sa beauté ne doit point en souffrir de dépit)
Qu'a-t-il à perdre ? helas ! sa crainte seroit vaine.
Il prélude, & du bruit qu'enfante son haleine,
Lui-même est enchanté. Déjà ses doigts legers,
Ou levés, ou baissés, forment des sons divers:
De l'Echelle à loisir il sonde l'étenduë
Dans le cahos des sons vainement confonduë.
Sans peine du ton sombre il distingue l'aigu.
Lorsque par le toucher exact & contigu
Tout passage est fermé, le ton se rend plus grave ;
S'il s'ouvre, le son brille ; ou s'éleve à l'octave
Si la pince du pouce au dessous replié
Coupe à son orifice une juste moitié.
Dans les positions qu'il invente, étudie,
PAN découvre des traits de simple Melodie.
Au doigt tremblant le son commence de trembler.

Chant Second.

Sur le degré de vent promptes à se regler,
Ses mains du mouvement suivent la loi fidelle.
Il module avec art une chanson nouvelle :
Non content de l'apprendre aux Echos des forêts,
Il en veut dans les champs étaler les attraits.
A l'éclat de ses sons les timides bergeres,
Les Faunes, les Sylvains, & les Nymphes legeres
Volent autour de lui, le suivent en tout lieux,
Et forment en dansant un cercle gracieux.
L'émail de mille fleurs sous leurs pas se déploie,
Et la terre paroît en tressaillir de joie.

Mais tandis qu'élevé dans son char lumineux
Phoebus sur l'Univers va répandre ses feux,
Il porte ses regards sur la troupe brillante,
Qui livrée aux transports d'une joie éclatante,

De Pan qu'elle environne adore les concerts.

Il en rit, son dédain éclate dans les airs

Par ce discours piquant que le mépris inspire.

Chef-d'œuvre incomparable & digne qu'on l'admire!

De s'énerver le sein, pour n'avoir que le fruit

De tirer des roseaux un sombre & foible bruit;

Donnons la voix aux Nerfs, & que le bois raisonne.

Il dit. Et le laurier qu'un nouvel art façonne,

D'un instrument nouveau (*) prend la forme soudain.

Deux tables de ce bois qu'à refendu sa main,

Répondent l'une à l'autre; & leur mesure égale

A la vûë offriroit l'image d'un ovale,

Si le trait transversal de deux ceintres rentrans

De son juste milieu ne recourboit les flancs.

Un support à l'entour regne & suit leur figure,

Les lie étroitement d'une forte soudure,

(*) Un Violon.

CHANT SECOND.

Et de trois corps diſtincts ne forme plus qu'un corps.

Par un double ſentier l'air s'échape au dehors ;

Sur la ſuperficie il ſe fait une route,

Et chaque table exprès en arcade ſe voute

Pour lui ſervir d'hoſpice, & du ſonore accent

Etablir dans ſon ſein le principe naiſſant.

De ce corps il s'éleve un long col, dont le faîte

D'une Divinité repréſente la tête,

Par un docte cyſeau réparée (*) avec ſoin.

Son colier de rubis jette des feux au loin,

Et les Clefs d'or maſſif des deux côtés placées,

Y brillent par l'éclat des pierres enchaſſées.

Quatre Nerfs que LATONE elle-même a filés

Inégaux en groſſeur, par degré redoublés,

Se roulent ſur leurs Clefs, dociles à s'étendre,

Et prompts à ſe prêter au ſon qu'ils doivent rendre.

(*) Terme de Sculpture.

Ils font fur un Copeau (*) legerement portés,
Et plus bas par un nœud fur la queuë arrêtés.
Pour embellir encor ce meveilleux ouvrage,
D'olive & de parfums y mêlant l'affemblage,
Il prend foin d'y verfer un baume précieux (†)
Qui prête un nouveau luftre à l'éclat radieux
De ce Dieu bienfaifant, fource de la lumiere.
Un Archet manque encor, dont une main altiere
Puiffe émouvoir les Nerfs : Qu'il naiffe du laurier,
Dit Phoebus ; que Pegaze accoure y déployer
De fon col argenté l'étincelante foie,
Rien ne l'arrête plus. Le Dieu comblé de joie,
Porte fur ce chef-d'œuvre une legere main.
Aux premiers mouvemens de fon Archet divin,
Les cœurs font enchantés, les neuf Soeurs s'attendriffent,

(*) Le Chevalet.   (†) Le Verny.

La nature s'émeut, & les forêts frémissent.
Ces sons passent déjà jusqu'aux Beotiens ;
Volent de la Phocide aux bords Corinthiens ;
Percent l'immensité des demeures suprêmes,
Et vont dans l'Empirée étonner les Dieux mêmes.
Tout-à-coup le Ciel s'ouvre, un nuage doré
Porte le Dieu tonnant de sa gloire entouré ;
Toute sa cour le suit dans les airs suspenduë,
Et prête à ce prodige une oreille assiduë.
Quel ouvrage, dit-il, fut plus ingénieux !
La matiere se meut & s'anime à nos yeux !
Un insensible Nerf dont la douceur enchante,
Imite sous les doigts la voix la plus touchante.
L'attitude du Dieu le ravit, le surprend ;
Tous admirent son air majestueux & grand ;
Et comment d'une main l'audace foudroyante

Ebranle fous l'Archet la Corde réfonnante,

Tandis que répondant à fes heureux efforts,

L'autre preffe, modere, enfante les accords.

Sous un nuage épais le tyran de Cythere

L'Amour dormoit panché fur le fein de fa mere :

A ce bruit il s'éveille, & deffillant fes yeux,

Va porter de plus près fes regards curieux.

PHOEBUS impatient fouffre à regret fa vûë ;

Il connoit d'un enfant la main peu retenuë ;

Il le fuit ; mais envain : l'Amour pofe cent fois

Sur les Nerfs réfonnans fes témeraires doigts ;

Il interrompt le cours des divines Cadences ;

L'accable imprudemment d'importunes inftances.

PHOEBUS alloit ceder au feu de fon courroux :

L'Amour ufant enfin d'artifices plus doux ;

Moins vif, plus refervé, le flate, le careffe,

Ne fuis-je plus, dit-il, le Dieu de la tendreſſe,
Dont ton ame fenſible a fignalé les traits?
De ton art, Dieu puiſſant, apprends-moi les fecrets :
Par le prix de mes feux, par ta flamme féconde,
Par les bienfaits communs dont nous comblons le
    monde,
Ne me refuſe pas un don ſi précieux,
Dont le pouvoir enchante & la terre & les cieux :
Il peut contre les cœurs échapés à mes charmes,
Devenir ma reſſource & mes dernieres armes.
L'Amour fupplie envain; fes vœux font fuperflus :
Il ne changera point les decrets de PHOEBUS.
La Lyre, répond-il, n'eſt point faite à l'uſage
D'un Dieu qui des humains énerve le courage;
Elle ne doit fervir qu'à chanter les Heros
Vainqueurs de la moleſſe, ennemis du repos,

Dont les noms font gravés au Temple de Memoire;
Ou qu'à chanter des Dieux les bienfaits & la gloire.
Il dit. L'Amour fe tait, & fe rend attentif;
Mais c'eſt pour fe venger. Avec un œil furtif
Il obferve les Tons, la fuite des Cadences,
Les Modes tranfpofés, les fauſſes Diſſonances:
(Myſteres jufqu'alors des mortels ignorés.)
Ses perfides deſſeins ne font point pénétrés.
Phoebus ceſſe. Les Dieux dans le célefte empire
Vont en hâte marquer une place à la Lyre.
A leur fuite l'Amour ne porte point fes pas;
Il veut de fon larcin étaler les appas,
S'échape, & dans les airs prend un vol plus rapide
Que l'oifeau pourfuivi par le Vautour avide.

APOLLON,
OU
L'ORIGINE DES SPECTACLES
EN MUSIQUE,
POEME.

CHANT TROISIÉME.

Ui pourroit échaper aux rufes de l'Amour ?
Il fit plus d'une fois au brillant Dieu du Jour
Eprouver de fes traits le pouvoir invincible ;
On lui réfifte envain, tout lui devient poffible.

Favorise, APOLLON, le zele qui m'anime ;
Daigne accepter encor l'hommage de ma rime ;
Toi qui donnas la voix aux corps inanimés,
Seconde des transports pour ta gloire allumés :
Sans le secours puissant d'une force suprême,
Puis-je tracer tes loix, & te peindre toi-même ?
Viens conduire les traits d'un timide pinceau,
Et du plus beau des Arts fais briller le tableau.

DANS l'instant fortuné de cette heure premiere,
Où pour voir du Soleil la naissante lumiere,
Pour contempler le ciel, & la terre, & les mers,
Et du monde créé les miracles divers,
L'homme eut reçû des Dieux auteurs de la nature
De l'œil qui le conduit l'admirable parure,
De la parole encor il en obtint le don,

Chant Premier.

Et l'art ingénieux d'en varier le ton.
Des organes placés fous un canal fonore
Furent les inftrumens qui la firent éclore :
L'air dans un fein fécond eft à peine reçû,
Que le fon auffitôt repouffé que conçû,
D'un flexible gofier s'ouvrant la trace humide,
Se fait entendre au gré du foufle qui le guide.
Des mufcles, des tendons au paffage attachés,
En bordent les contours plus ou moins relâchés;
S'ils fe ferrent, le fon avec éclat fe lance;
S'ils s'ouvrent, il groffit : de cette différence,
Du Grave ou de l'Aigu naît le genre oppofé;
Entr'eux fe forme encore un ordre compofé,
Dont les accens fuivis, s'élevent, ou defcendent,
Se détachent par bonds, voltigent, ou s'étendent.
Pour l'homme c'étoit peu de parler & de voir,

Si de s'oüir foi-même il n'eût eu le pouvoir :
Ainfi qu'aux champs de MARS la tymbale bruyante
Eft infenfible aux tons qu'elle-même elle enfante,
Les fons dont la douceur peut enchaîner l'ennui,
Inutiles tréfors, étoient perdus pour lui.
Mais à fa tête enfin la mere des merveilles
En figure de conque attacha deux oreilles :
Oeuvre de la Nature & fublime & profond!
C'eft ici le prodige où l'efprit fe confond :
Trois offelets legers que cet étui renferme,
L'un par l'autre frappés, trouvent un nerf pour terme.
Sitôt que pénétrant ces tortueux détours,
La voix jufques au fond a prolongé fon cours,
Du même mouvement dont elle fut pouffée,
Elle heurte des os la fuite compaffée.
Le premier fous la forme & le nom d'un marteau,

CHANT PREMIER.

N'eſt pas plûtôt frapé d'un froiſſement nouveau,
Qu'il le rend à l'inſtant dans le même volume,
Au ſecond qui le ſuit, & qui lui ſert d'enclume.
Cette enclume à ſon tour fait fremir ſon ſoutien :
Là le nerf attaché par un leger lien,
De cette impulſion ſentant la violence,
Du ſon dans le cerveau porte la connoiſſance;
Qui telle qu'en une voute ou d'yvoire ou d'airain,
Retentit, & des voix forme l'écho certain.

De l'oüye, & du ſon quel que fût l'avantage;
Du chant aux premiers tems on connut peu l'uſage ;
La Mélodie encor ne perçoit point les airs,
Lorſqu'Apollon ſenſible au bien de l'univers,
Irrité de la voir trop long-tems ignorée,
Pour l'enſeigner ſortit de la voute azurée.

Il defcend où l'AMPRHISE étend fes claires eaux ;
Doux azile où d'ADMETE il garda les troupeaux.
Là fous un ciel ferein, de feuillage en feuillage,
Les oyfeaux voltigeant accordoient leur ramage.
Les bergers attirés par un charme fi doux,
De ce bruyant concert admirateurs jaloux,
Ofoient faire au deftin une injufte querelle,
De les priver d'un bien dont joüit PHILOMELE.
Ceffez, leur dit PHOEBUS, ces regrets envieux :
Quoi! vous fied-il, Bergers, de vous plaindre des Dieux?
Le tendre Roffignol dans fon brillant délire,
Entre tous les oyfeaux mérite qu'on l'admire :
De fa legere voix il fçait en cent façons,
Enfler, diminuer, & déguifer les fons ;
Il l'éleve, l'abbaife, ou la tient en balance,
La brife par les coups d'une égale Cadence,

CHANT PREMIER.

Semble exprimer les feux dont son cœur est épris.
Mais sur lui doutez-vous de remporter le prix ?
Ah ! cessez d'ignorer la douceur infinie,
Qu'à la voix cultivée adjoute l'harmonie ;
Ecoutez-moi : je vais découvrir à vos yeux
Les mysteres d'un art inventé pour les Dieux.

Sur l'espace prescrit de cinq lignes égales,
Sont étendus huit sons, montant sept intervales,
Qui connus sous des noms à l'art seul consacrez,
De l'Echelle Harmonique (*a*) étalent les dégrez.
Les Notes (*b*) qui plus loin transgressent cette enclave,
Echos des mêmes sons, en repliquent l'Octave.
Les sons (*c*) également ne sont pas divisés ;
Deux Semi-tons entr'eux furent interposés ;
La Tierce qui du ton maîtrise la Cadence,

Sous deux Modes (*d*) divers en offre l'ordonnance.
Le son peut s'affoiblir ou peut être hauſſé :
Près du flanc de la Note (*e*) un Diéze placé
D'un Semi-ton l'éleve, ainſi que la rabaiſſe
Le languiſſant B mol qui l'annonce & la preſſe.

Tel qu'un timon guidé par une docte main,
Trace au vaiſſeau flottant ſon humide chemin ;
Telles on voit trois Clefs ouvrir dans la Muſique,
Par quatre endroits divers la route Mélodique.
En tête (*f*) de la ligne elles doivent s'aſſeoir,
Et réglant de la voix la marche & le pouvoir,
Par un ordre certain déterminent les traces
Des Tailles, des Deſſus, Hautes-contres & Baſſes.
A quinze ſons au plus leur cours eſt limité ;
La voix perd au de-là, ſa force & ſa beauté.

Chant Premier.

Gardez-vous de penser qu'errant à l'avanture,
Les sons doivent marcher sans regle, sans mesure;
Les pas en sont comptés; les divers mouvemens
S'asserviffent aux loix (*g*) de deux ou de trois tems.
Les signes composés, sans en changer l'espece,
Ne servent qu'à marquer le dégré de vitesse.
Chaque Note (*h*) avec soi presente sa valeur:
Deux Blanches de la Ronde égalent la lenteur;
Deux Noires & la Blanche occupent même place:
Par deux Croches la Noire à son tour se remplace:
La Croche sur deux parts répand encore son poids:
La Note (*i*) même absente, a sa marque & ses droits.
La Pause, le Soupir, le Point & le Silence
Sont pesés avec elle, & mis dans la balance.

Parcourez, il est tems, les accens mesurés,

Interrompez, montez, defcendez les dégrés:

Heurtez contr'eux le fon d'une baffe immobile:

Leur choc (*k*) eft un accord ou plus ou moins facile.

Que l'oreille fevere en juge fainement;

Si l'intervale plaît & frape finement,

Donnez à cet accent le nom de Confonance;

S'il bleffe, ou s'il eft dur, c'eft une Diffonance.

Octave, Tierce, Quinte, (*l*) uniffez vos attraits;

Ofez feules briller dans les accords parfaits.

Douce Tierce, du Mode arbitre & Médiante,

Votre Corde (*m*) jamais ne fera trop fréquente;

Vos Compagnes envain ufurperoient vos droits;

Avec peine de fuite on les entend deux fois.

La Sixte de la Tierce (*n*) emprunte l'avantage;

La Quarte (*o*) de fon fort incertaine, & volage,

Dépend de fes rapports, Confonante à demi,

Et déserte souvent dans le camp ennemi.

C'est dans ce lieu sauvage, où Septiéme & Seconde (*p*),

De leurs sons discordans ébranleroient le monde,

Si l'art amolissant leur vive dureté

N'en émoussoit les traits de fiel & d'âpreté ;

Plus aigres que l'acier que la fournaise allume,

Quand par des coups aigus il sonne sous l'enclume.

Cependant, des accords que vous voulez unir,

Ne croyez (*q*) pas, Bergers, qu'on les doive bannir:

Ainsi que par le miel l'absinte est adoucie,

Avec le dur accent le son doux s'associe;

Par les justes accords les faux tons temperés,

Sauvés avec adresse, avec art preparés,

Prêtent un riche éclat à l'ouvrage harmonique,

Et répandent sur lui le feu du sel attique.

Mais c'eſt trop vous en dire, & plus que je ne veux;

Aux Modes naturels il faut fixer vos vœux : *

Ne portez pas plus loin vos ſoins ni votre vûë,

Par des ſons diſſonans, vôtre ame trop émüe,

Contre ſon innocence & contre ſa raiſon,

Y trouveroit peut-être un dangereux poiſon;

Les Dieux ſeuls à leur gré vertueux, invincibles,

Se reſervent pour eux ces délices ſenſibles.

Chantez, qui vous arrête? & que vos airs nouveaux

Faſſent mourir de honte ou taire les oyſeaux ;

La Nature à leurs chants a preſcrit des limites ;

Les vôtres ſeuls jamais n'ont de bornes preſcrites.

Aux differens ſujets docile à ſe prêter,

Il n'eſt rien que le ſon n'ait le droit d'imiter;

---

* Apollon n'apprend point aux mortels les ſons tranſpoſés par les Diézes ni par les B mols, ni les fauſſes diſſonances dont la ſenſibilité lui paroît dangereuſe pour eux.

Des sentimens divers l'organe & l'interprete,
Il révele du cœur l'impression secrete.
Mais ne vous trompez pas; il ne sied pas à tous
De faire de la voix un usage si doux;
Il en est dont la langue au palais enchaînée,
Sous des liens épais paroît emprisonnée;
D'autres dont la voix rauque & l'aride gozier,
Rebelles à tous sons ne peuvent se plier;
Dont le défaut d'haleine énerve la Cadence;
La Nature à jamais leur impose silence.
Ce don n'est reservé qu'aux mortels dont le sein
Exhale sans effort un soufle libre & sain;
Dont le flanc ferme enfante une voix nette & claire:
Qu'ils chantent : que de l'art ils creusent le mystere.
Il suffit : je vous laisse; assez par ces leçons
Des Modes naturels vous connoîtrez les sons.

APOLLON,
OU
L'ORIGINE DES SPECTACLES
EN MUSIQUE,
POEME.

CHANT SECOND.

ELS que dans le Primtems les oyseaux amou-
reux,
Enflamés de désirs, enyvrés de leurs feux,
Par les chants les plus doux qu'inspire l'allegresse,

Disputent à l'envie le prix de la tendresse ;
Tels les Bergers épris des harmoniques sons,
De PHOEBUS nuit & jour répétant les leçons,
Par des vers consacrés à la reconnoissance,
Célébroient de ce Dieu la gloire & la science.
Ces exemples passant jusques dans les cités,
Et des Grands & des Rois sont bientôt imités.
La diversité même & du sexe & de l'âge,
Ne sert qu'à redoubler un plus constant hommage.
MINERVE sans dépit ne peut voir les mortels
Quitter pour APOLLON son culte & ses autels.
Elle descend des Cieux, & la Déesse austere
Laisse échaper ces mots dictés par la colere :
Quoi donc on m'abandonne ! & mes dons & les arts
N'ont-ils pas mérité de plus justes égards ?
Sous l'écorce d'un Pin, sous des feuilles legeres,

L'homme

L'homme du froid cuisant ressentoit les miseres,

Je l'ai vêtu; pour lui, mes soins ont révelé

L'art de tramer le lin, après l'avoir filé.

Il erroit dans les champs, sans abri, sans azyles;

Je lui donnai des toits, je lui bâtis des villes :

Un aliment sauvage affoiblissoit son corps,

De la terre pour lui j'ouvris tous les tresors.

Mais qu'a produit enfin ma faveur épuisée?

Phoebus a tout l'encens, Minerve est méprisée....

Par hazard la Déesse apperçoit des roseaux,

Qui d'un ruisseau voisin bordoient les claires eaux :

Le murmure qu'entr'eux excite le Zephire,

Par un nouvel espoir & la flatte & l'attire;

Bannissons les ennuis qui venoient me presser;

Ah! dit-elle, Phoebus, il faut te surpasser.

Tu reglas, il est vrai, la voix déjà formée;

Je vais faire chanter la plante inanimée.....
Elle dit, & soudain le docile roseau
Devient entre ses doits un chef-d'œuvre nouveau;
Elle l'applique aux bords de ses levres vermeilles;
Il en sort mille sons qui charment les oreilles.
Ce plaisir dura peu : le paisible ruisseau
A peine eut retracé son image dans l'eau,
Qu'un trouble la saisit; ses regards plus timides
Lui font voir à regret son front chargé de rides,
De ses sourcils froncés les cercles ravalés,
Ses traits nobles & doux par le soufle gonflés;
Elle en rougit de honte, & quittant le rivage,
Abandonne aux mortels le fruit de son ouvrage.

CEPENDANT au travers des feüillages épais,
Les sons avoient percé jusqu'au Dieu des forêts:

Pan se leve, & surpris se hâte de se rendre

Vers le lieu d'où le son vient de se faire entendre,

Au milieu du débris de cent roseaux épars,

Sur le nouvel ouvrage il jette ses regards :

Le canal qui le perce également concave,

Sous l'empire des mains y tient le son esclave.

Sa tête s'extenuë en courbe finissant ;

L'autre bout évasé s'ouvre en s'arondissant.

Sept trous dans un long ordre arrangés par mesure,

Divisent de ce corps l'harmonique figure.

Le premier plus ouvert, des autres détaché (*)

Rend tout l'air qu'il reçoit & n'est jamais bouché.

A ce tendre roseau le Dieu de l'Arcadie

Applique tout à coup une levre hardie ;

Du Lyrique talent la gloire le saisit :

(*) Trou d'une forme quarrée au-dessous de l'embouchure de la Flûte à bec.

(Sa beauté ne doit point en fouffrir de dépit)
Qu'a-t-il à perdre ? helas ! fa crainte feroit vaine.
Il prélude, & du bruit qu'enfante fon haleine,
Lui-même eft enchanté. Déjà fes doigts legers,
Ou levés, ou baiffés, forment des fons divers :
De l'Echelle à loifir il fonde l'étenduë
Dans le cahos des fons vainement confonduë.
Sans peine du ton fombre il diftingue l'aigu.
Lorfque par le toucher exact & contigu
Tout paffage eft fermé, le ton fe rend plus grave ;
S'il s'ouvre, le fon brille ; ou s'éleve à l'octave
Si la pince du pouce au deffous replié
Coupe à fon orifice une jufte moitié.
Dans les pofitions qu'il invente, étudie,
PAN découvre des traits de fimple Melodie.
Au doigt tremblant le fon commence de trembler.

Chant Second.

Sur le degré de vent promptes à se regler,
Ses mains du mouvement suivent la loi fidelle.
Il module avec art une chanson nouvelle :
Non content de l'apprendre aux Echos des forêts,
Il en veut dans les champs étaler les attraits.
A l'éclat de ses sons les timides bergeres,
Les Faunes, les Sylvains, & les Nymphes legeres
Volent autour de lui, le suivent en tout lieux,
Et forment en dansant un cercle gracieux.
L'émail de mille fleurs sous leurs pas se déploie,
Et la terre paroît en tressaillir de joie.

Mais tandis qu'élevé dans son char lumineux
Phoebus sur l'Univers va répandre ses feux,
Il porte ses regards sur la troupe brillante,
Qui livrée aux transports d'une joie éclatante,

De Pan qu'elle environne adore les concerts.
Il en rit, son dédain éclate dans les airs
Par ce discours piquant que le mépris inspire.
Chef-d'œuvre incomparable & digne qu'on l'admire!
De s'énerver le sein, pour n'avoir que le fruit
De tirer des roseaux un sombre & foible bruit;
Donnons la voix aux Nerfs, & que le bois raisonne.
Il dit. Et le laurier qu'un nouvel art façonne,
D'un instrument nouveau (*) prend la forme soudain.
Deux tables de ce bois qu'à refendu sa main,
Répondent l'une à l'autre; & leur mesure égale
A la vûë offriroit l'image d'un ovale,
Si le trait transversal de deux ceintres rentrans
De son juste milieu ne recourboit les flancs.
Un support à l'entour regne & suit leur figure,
Les lie étroitement d'une forte soudure,
 (*) Un Violon.

Chant Second.

Et de trois corps distincts ne forme plus qu'un corps.

Par un double sentier l'air s'échape au dehors ;

Sur la superficie il se fait une route,

Et chaque table exprès en arcade se voute

Pour lui servir d'hospice, & du sonore accent

Etablir dans son sein le principe naissant.

De ce corps il s'éleve un long col, dont le faîte

D'une Divinité représente la tête,

Par un docte cyseau réparée (*) avec soin.

Son colier de rubis jette des feux au loin ;

Et les Clefs d'or massif des deux côtés placées,

Y brillent par l'éclat des pierres enchassées.

Quatre Nerfs que LATONE elle-même a filés

Inégaux en grosseur, par degré redoublés,

Se roulent sur leurs Clefs, dociles à s'étendre,

Et prompts à se prêter au son qu'ils doivent rendre.

(*) Terme de Sculpture.

Ils font fur un Copeau (*) legerement portés,

Et plus bas par un nœud fur la queuë arrêtés.

Pour embellir encor ce meveilleux ouvrage,

D'olive & de parfums y mêlant l'affemblage,

Il prend foin d'y verfer un baume précieux (†)

Qui prête un nouveau luftre à l'éclat radieux

De ce Dieu bienfaifant, fource de la lumiere.

Un Archet manque encor, dont une main altiere

Puiffe émouvoir les Nerfs : Qu'il naiffe du laurier,

Dit Phoebus ; que Pegaze accoure y déployer

De fon col argenté l'étincelante foie,

Rien ne l'arrête plus. Le Dieu comblé de joie,

Porte fur ce chef-d'œuvre une legere main.

Aux premiers mouvemens de fon Archet divin,

Les cœurs font enchantés, les neuf Soeurs s'attendriffent,

(*) Le Chevalet.   (†) Le Verny.

La nature s'émeut, & les forêts frémiffent.

Ces fons paffent déjà jufqu'aux Beotiens ;

Volent de la Phocide aux bords Corinthiens ;

Percent l'immenfité des demeures fuprêmes,

Et vont dans l'Empirée étonner les Dieux mêmes.

Tout-à-coup le Ciel s'ouvre, un nuage doré

Porte le Dieu tonnant de fa gloire entouré ;

Toute fa cour le fuit dans les airs fufpenduë,

Et prête à ce prodige une oreille affiduë.

Quel ouvrage, dit-il, fut plus ingénieux !

La matiere fe meut & s'anime à nos yeux !

Un infenfible Nerf dont la douceur enchante,

Imite fous les doigts la voix la plus touchante.

L'attitude du Dieu le ravit, le furprend ;

Tous admirent fon air majeftueux & grand ;

Et comment d'une main l'audace foudroyante

Ebranle fous l'Archet la Corde réfonnante,
Tandis que répondant à fes heureux efforts,
L'autre preffe, modere, enfante les accords.
Sous un nuage épais le tyran de Cythere
L'Amour dormoit panché fur le fein de fa mere
A ce bruit il s'éveille, & deffillant fes yeux,
Va porter de plus près fes regards curieux.
Phoebus impatient fouffre à regret fa vûë ;
Il connoit d'un enfant la main peu retenuë ;
Il le fuit ; mais envain : l'Amour pofe cent fois
Sur les Nerfs réfonnans fes témeraires doigts ;
Il interrompt le cours des divines Cadences ;
L'accable imprudemment d'importunes inftances.
Phoebus alloit ceder au feu de fon courroux :
L'Amour ufant enfin d'artifices plus doux ;
Moins vif, plus refervé, le flate, le careffe.

Ne suis-je plus, dit-il, le Dieu de la tendresse,
Dont ton ame sensible a signalé les traits?
De ton art, Dieu puissant, apprends-moi les secrets :
Par le prix de mes feux, par ta flamme féconde,
Par les bienfaits communs dont nous comblons le monde,
Ne me refuse pas un don si précieux,
Dont le pouvoir enchante & la terre & les cieux :
Il peut contre les cœurs échapés à mes charmes,
Devenir ma ressource & mes dernieres armes.
L'Amour supplie envain; ses vœux sont superflus :
Il ne changera point les decrets de Phoebus.
La Lyre, répond-il, n'est point faite à l'usage
D'un Dieu qui des humains énerve le courage;
Elle ne doit servir qu'à chanter les Heros
Vainqueurs de la molesse, ennemis du repos,

Dont les noms font gravés au Temple de Memoire;
Ou qu'à chanter des Dieux les bienfaits & la gloire.
Il dit. L'Amour se tait, & se rend attentif;
Mais c'est pour se venger. Avec un œil furtif
Il observe les Tons, la suite des Cadences,
Les Modes transposés, les fausses Dissonances :
(Mysteres jusqu'alors des mortels ignorés.)
Ses perfides desseins ne sont point pénétrés.
PHOEBUS cesse. Les Dieux dans le céleste empire
Vont en hâte marquer une place à la Lyre.
A leur suite l'Amour ne porte point ses pas ;
Il veut de son larcin étaler les appas,
S'échape, & dans les airs prend un vol plus rapide
Que l'oiseau poursuivi par le Vautour avide.

APOLLON,
OU
L'ORIGINE DES SPECTACLES EN MUSIQUE,
POEME.

CHANT TROISIÉME.

 U i pourroit échaper aux rufes de l'Amour ?
Il fit plus d'une fois au brillant Dieu du Jour
Eprouver de fes traits le pouvoir invincible ;
On lui réfifte envain, tout lui devient poffible.

Affûré du fuccès, il fend au loin les airs,

Parcourt en un inftant mille climats divers,

Et fans ceffe rempli de traits de Mélodie,

Va tomber en chantant aux bords de la Lydie.

C'eft là que le Pactole (*) en fon lit révéré

Roule fes riches flots fur un fable doré,

Depuis que déteftant une grace importune,

Mydas y dépofa le poids de fa fortune.

Pan la flûte à la main chantoit le doux repos ;

L'Amour fourit, l'aborde, & lui parle en ces mots :

Honneur au Dieu des Bois, qu'en ces lieux on révere :

J'abandonne les Cieux, & le fein de ma mere,

Pour marier ma voix, s'il fe peut, à tes fons,

___

(*) Les Poëtes ont feint que Midas, après avoir reçû Bacchus chés lui, & lui avoir reftitué Silene, lui demanda pour recompenfe le pouvoir de convertir en or tout ce qu'il toucheroit; ce qui lui fut accordé. Il ne tarda guere à s'en repentir par l'impoffibilité où il fe trouva de prendre aucune nouriture : Bacchus en eut pitié, & lui ordonna de fe baigner dans le Pactole où il laiffa fes vains tréfors : d'où les Poëtes ont imaginé que fon fable étoit d'or depuis ce tems-là.

Et faire retentir ces bords de nos chanſons.

Grand Dieu! s'écria Pan, qui jamais l'eût pû croire?

Depuis quand l'art du Chant ſert-il à votre gloire?

Manque-t-il à l'Amour encor quelques attraits?...

Moi! pour percer les cœurs, puis-je avoir trop de traits?

Reprit ce Dieu; Phoebus à mes deſirs contraire,

Oſa de ce grand art me cacher le myſtere:

Je reçeus cet affront à la face des Dieux,

Quand du bruit de ſa Lyre il rempliſſoit les Cieux;

Mais j'ai ſçû m'en venger: une jalouſe adreſſe

Malgré lui de ſes ſons lui ravit la fineſſe;

L'Amour au Dieu des Bois eſt prêt d'en faire part:

Des Modes réſervés aux ſeuls maîtres de l'art

Je puis te révéler la route Cromatique. (*)

Pan écoute; l'Amour en ces termes s'explique:

(*) Le genre Cromatiqne eſt le ſecond des trois genres de Muſique qui abondent en ſemi-tons B mols.

Les sons d'un pas égal ne doivent point marcher;

Trop d'uniformité cesse enfin de toucher.

Le sentier rebattu de l'Echelle ordinaire

Ne sçauroit inspirer qu'un stile plagiaire,

Où s'épuisent le goût, les sentimens & l'art.

Le Dieze ou B mol y brillent par hazard.

Apollon aux mortels en montra l'avantage;

Mais aux Tons Naturels il en borna l'usage.

Il céla des sons fiers (*) la sensibilité.

Ses secrets sans réserve aux Cieux ont éclaté :

Je l'ai vû parcourant des routes transposées (†)

Répandre sur les Tons des graces déguisées.

(*) Sons transposés par les Diezes ou par les B mols, & les fausses Dissonances qui sont les accords diminués ou superflus. Voyez les Remarques dans la planche gravée à la fin du second Chant.

(†) Les divers arrangemens des Diezes & des B mols dans le cours de l'Octave, quoique toûjours réduits sous le Mode majeur ou mineur, produisent une grande varieté dans la Musique, & augmentent infiniment par leurs transpositions l'expression ou la sensibilité des Sons.

A l'aide du Dieze offrir des fons perçans ;

Sous les tendres B-mols emprifonner les fens,

Et par l'expreffion ou languiffante ou vive,

Expofer fçavamment une image naïve.

Profitons à loifir d'un vol fi précieux ;

Que du touchant B mol l'effort victorieux

Porte dans tous les cœurs de fenfibles atteintes ;

Qu'il charme les ennuis, qu'il diffipe les craintes,

Et d'une amante fiere étouffant les rigueurs,

Lui faffe en fa défaite éprouver des douceurs.

Que du Dieze vif le Mode plus rapide

Allume des defirs dans une ame timide ;

Excite la vengeance, & les foupçons jaloux ;

De l'amant maltraité reveille le couroux ;

Où des plaifirs, des jeux, des ris & de la danfe.

Faſſe briller l'éclat & la magnificence.

Il dit: PAN devenu diſciple de l'Amour,

Sur les Modes divers s'exerce tour à tour.

Exteniüant le ſon de la voix ralentie,

Déjà du ton complet il fraude une partie;

Fait naître les B-mols ſur les Tons différens;

Les aſſervit au mode, en diſtingue les rangs;

Ou faiſant du B-quarre un uſage contraire,

Rétablit le Degré qu'un B-mol ſçût ſouſtraire.

Par des Sons Diezés forme un Mode Majeur,

Et redonne à ſes chants une mâle vigueur.

L'Amour à ſes accens mêle ſa voix touchante,

Place entre les accords la corde diſſonante:

Ses airs paſſionnés, ſes Tons, ſes Mouvemens,

Developpent du cœur les ſecrets ſentimens.

Les plaintes, les ſoupirs, les pleurs, & la tendreſſe

CHANT TROISIEME. 35

Les rapides excès de l'amoureuse yvresse,

Les doux emportemens, les mourantes langueurs,

S'y peignent à l'envi des plus vives couleurs.

Si l'ame a trop langui dans un long Pathetique,

Il la reveille au son du genre Enharmonique (*),

Excite les transports de joie & de plaisir,

Rapelle les ardeurs, ranime le desir;

Par les malins rapports d'un chimerique outrage,

Allume les soupçons de la jalouse rage;

Et sous le masque affreux d'un cruel desespoir

Dépeint ce que l'enfer invente de plus noir.

C'est ainsi que l'Amour au sein de la Lydie

Porte dans tous les cœurs le trouble & l'incendie.

De ses Tons transposés la gloire & le renom

(*) Le genre Enharmonique est le troisiéme des genres qui abondent en Diezes, qui sont les moindres divisions sensibles du

Du Mode Lydien (*) leur confacre le nom.

On n'entend retentir fur les bords du Meandre

Que des fons infpirés par l'ardeur la plus tendre.

Lycidas abandonne à la fureur des loups

Ses troupeaux autrefois fon plaifir le plus doux ;

Il n'eft plus occupé que du defir de plaire :

Un feu fecret le preffe, il languit à le taire ;

Philis qui s'effrayoit au feul nom de l'amour,

Sous le voile des Sons le prononce à fon tour.

Elle chante fes loix, revere fes maximes,

Croit qu'Amour fur fon cœur a des droits légitimes,

Et ce que n'a pû faire un hommage obftiné

Eft le fruit imprévû d'un air paffionné.

L'amant qui languiffoit dans une ardeur fidelle,

Court à l'appas plus vif d'une flame nouvelle ;

(*) Le Mode Lydien eft un des douze Modes des Grecs : il eft propre aux Chants graves, lugubres & paffionnés.

Son amante irritée en brûle de courroux,
Elle cede aux fureurs de fes tranfports jaloux,
En Sons impétueux fon défefpoir s'exhale,
Elle eft prête à percer le fein de fa rivale.....
Tout aime, tout foûpire, en tout âge, en tout tems;
Les jeunes cœurs plûtôt entrent dans leur printems,
Et l'on voit dans les jours de la faifon glacée
Sous les rides renaître une flâme infenfée.

Des Sons fi féduifans, de fi tendres attraits,
De l'Amour triomphant étendent les progrès;
Ils corrompent déjà les villes de la Grece :
Les peuples dans le fein d'une indigne moleffe,
Enyvrés de plaifirs, fous le poids des langueurs,
De l'Afie effrenée adopterent les mœurs.
On n'y reconnut plus cette valeur guerriere,

Qui dans les jeux de Mars franchiſſoit la barriere ;
Sparte ſeule (*) fidelle à ſes auſteres loix,
Du dangereux Amour écoute moins la voix.

Dans les Cieux cependant la ſçavante Déeſſe
Qui préſide aux beaux arts, enfans de ſa ſageſſe,
Ne voit qu'en frémiſſant les Grecs effeminés
Languir dans le repos qui les tient enchaînés ;
La vigne ſans culture, & la terre infertile,
Ne produire aux humains qu'une plante inutile.
Elle en gémit, ſoûpire, & contre cet abus
Se hâte d'implorer le ſecours de Phoebus.

Sur les bords verdoyans du paiſible Tenare (†),
Où le laurier épais dont la terre ſe pare,

(*) Les Spartiates avoient banni de leur République le Mode Cromatique, comme une Muſique trop molle & trop effeminée.
(†) Promontoire de la Laconie fort avancé dans la mer.

Forme avec l'olivier l'ombrage concerté,

Ce Dieu fuyoit l'éclat de la divinité :

La Déeſſe l'aborde & lui porte ſa plainte.

(Sa vaine jalouſie eſt déſormais éteinte.)

Souffrirez-vous, grand Dieu, que PAN joint à l'Amour,

Par de molles Chanſons énerve chaque jour

Les mortels devenus inutiles au monde ?

Eſt-ce ainſi qu'à vos vœux vous voulez qu'on réponde?

Servez-vous mieux d'un art par vous-même inventé,

Rappellez dans les cœurs la noble activité ;

Faites revivre en eux les ſentimens de gloire,

Qu'inſpirent les combats, qu'enflâme la victoire ;

Aſſûrez à vos dons un immortel honneur.....

Je vois trop de l'Amour la jalouſe fureur,

Dit PHOEBUS, aux dépens de toute la Nature,

De mon juſte refus il croit venger l'injure :

Pour l'en punir, Déeffe, agiffons de concert;
D'un reméde nouveau le fecours m'eft offert;
A la force bientôt les cœurs vont fe foûmettre,
C'eft à la fœur de Mars (*) que je le veux remettre.
Le Dieu parle, commande, & d'abord à fa voix
Le dur airain s'allonge & fe creufe à la fois;
Il prend & la figure & le nom de Trompette,
Et rend des Sons bruyans qu'au loin l'Echo répete.
Bellone vient, l'embouche, & court de toutes parts
Raffembler fur fes pas tous les peuples épars.
Tout cede aux fentimens que la Déeffe infpire;
Il n'eft plus de mortel qui d'un fatal délire,
Par de cuifans remords reconnoiffant l'erreur,
Ne brûle de donner des marques de valeur.
Déjà les Lydiens fortent de leur yvreffe:

(*) Bellone eft la fœur de Mars & celle qui conduit fon char.

CHANT TROISIEME. 41

L'Amour oppofe envain fa voix enchantereffe ;
Les Grecs dans l'indolence, oififs & defarmés,
Rougiffent de fe voir de mirrhe parfumés:
Ils quittent ces banquets où la délicateffe
D'un goût voluptueux nourriffoit la moleffe ;
Ils déteftent l'Amour, fes feux féditieux,
Ses maximes, fes loix, fes vers licentieux ;
Les feuls accens guerriers leur préfentent des charmes.
Ils chantent MARS, BELLONE, & parés de leurs armes,
Secondant fans deffein & PHOEBUS & PALLAS,
Ils ne refpirent plus que guerre, que combats.
Tout eft changé. L'Amour ne reçoit plus de fêtes ;
Il voit évanoüir fes nouvelles conquêtes ;
Ses autels font deferts. Il part, & furieux
Au défaut des mortels, va corrompre les Dieux.
Trois Sœurs par leurs beautés également fameufes,

Du tyran séducteur éleves orgueilleuses,

Filles d'ACHELOUS (*), seules dans l'Univers

Osent vanter encor les amoureux Concerts;

De leurs folles Chansons rien ne les peut distraire,

Avec moins d'indécence on les chante à Cythere.

Quel malheur les menace, & quel sera le fruit

Des impures leçons dont leur cœur est séduit?

(*) Achelous est un fleuve de l'Epire qui tire sa source du Pinde: on le fait pere des 3. Syrenes qu'il eut de la muse Calliope.

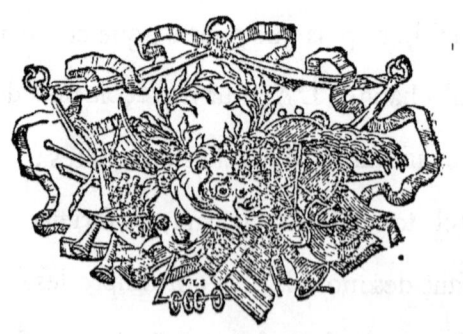

APOLLON,
OU
L'ORIGINE DES SPECTACLES
EN MUSIQUE,
POEME.

CHANT QUATRIEME.

E déplorable fort du Dieu de la Tendreffe,
La honte qui le fuit en fortant de la Grece,
Des Syrenes (*) fans ceffe irritent les fureurs ;

(*) Noms des trois Syrenes : Lyfie touchoit la lyre, Lœucofie la flute, & Parthenope chantoit.

Elles épuifent l'art de féduire les cœurs.

PHOEBUS avoit donné des leçons à LYSIE;

PAN plaça fçavamment les doigts de LOEUCOSIE;

Et PARTHENOPE enfin par les foins de l'Amour,

Poffedoit du beau Chant l'élegance & le tour.

De leurs divins accords redoute la puiffance.

PALLAS, ne tarde plus, viens, hâte ta vengeance.

Les mortels pourroient-ils refifter à des yeux

Que rendent plus puiffans les leçons de trois Dieux?

La Déeffe connoit le péril qui la preffe,

Elle obferve leurs pas, elle les fuit fans ceffe.

UN jour que fur la mer feules, en fûreté,

Ces Nymphes fe croyant en pleine liberté,

Chantoient du fol amour les dangereufes flâmes,

S'applaudiffoient des feux allumés dans leurs ames.

Sans rougir hazardoient d'un Chant éfeminé

Le ſtile corrompu, le ſens empoiſonné,

Un eſquif tout à coup à leurs yeux ſe préſente,

Il porte une Inconnuë. A ſa taille impoſante,

A ſes ſourcils altiers armés d'auſterité,

Les Syrenes en vain oppoſent leur fierté,

Leur lançant des regards où la flame étincelle,

Nymphes, Quai-je entendu ? quelle audace, dit-elle,

Vous force d'exhaler une coupable ardeur ?

D'un Sexe reveré menagez mieux l'honneur :

Songez que la vertu, la pudeur, la ſageſſe,

Sont le plus riche éclat dont brille la jeuneſſe....

Eh qui vous a chargé, s'écrie une des Sœurs,

Du ſoin de réformer & nos chants & nos mœurs ?

Freſle joüet des ans qu'a glacés la Nature,

Pour qui vous eſt ſoûmis, gardez votre cenſure ;

Eſt-ce à vous d'attenter à notre liberté ?
De l'Inconnuë ainſi le conſeil rébuté,
Devient des autres Sœurs la fable & la riſée.
Sous un vêtemens Grec MINERVE déguiſée,
Change auſſi-tôt de forme : une vive clarté
L'offre dans tout l'éclat de la divinité.
Ses yeux étincelans annoncent ſa vengeance.
Déjà le caſque en tête elle leve la lance :
La ſévere PALLAS ne s'arme point envain :
Elle en frape l'eſquif. A l'effort de ſa main
Il va, revient cent fois de la poupe à la prouë,
Plus vîte que l'éclair ſur l'onde il fait la rouë,
S'enfonce, diſparoît : la mer qui l'engloutit,
Des malheureuſes Sœurs cache un tems le dépit.
On les revoit enfin ; mais (fatale avanture !)
Déjà leur corps d'un monſtre expoſe la figure,

La moitié reste Nymphe, & pour fendre la mer
L'autre prend d'un poisson & l'écaille & la chair.
Dès qu'il leur est permis de revoir la lumiere,
Leur honte à son aspect se montre toute entiere.
Elles n'osent s'offrir aux regards de PALLAS,
La frayeur les saisit : après mille combats,
Le désespoir les force à se plonger dans l'onde,
Leur ouvre dans l'abyme une route profonde ;
Et lorsque sous le poids de mille maux soufferts,
Elles ont traversé l'immensité des mers,
Elles fixent leur course, & se font voir encore
Aux bords Siciliens de l'orageux PELORE (*).
Là se livrant sans cesse aux cruels déplaisirs,
A peine elles pouvoient traîner de longs soupirs.
Tant de malheurs long-tems les rendirent muettes.

(*) Le Pélore est un promontoire de Sicile où l'on a cru que les Syrenes s'étoient retirées.

APOLLON,

Apollon a pitié de leurs peines fecretes.
(Minerve vainement s'y voudroit oppofer)
Par ces mots confolants il vient les appaifer.

Il eft tems d'adoucir votre douleur amere,
De votre impieté vous eutes le falaire ;
Mais en faveur d'un art dont j'inventai les loix,
Je vous rends pour jamais le charme de la voix,
Reprenez vos talens : je reffentis moi-même
A vous les prodiguer une douceur extrême ;
Mais n'abufez jamais d'un art fi précieux :
Célébrez les vertus, les Héros & les Dieux,
Chantez du chafte Hymen les douceurs légitimes,
Ne rendez point vos Chants complices de fes crimes :
Que formé des liens d'un amour vertueux,
Il n'y préfente point de feux inceftueux :

Fuyez avec horreur fous d'indécentes rimes,
D'un amour effrené les honteufes maximes.
S'il eſt tems de ceder à la conſtante ardeur,
Qu'elle foit aſſervie aux loix de la pudeur.
C'eſt ainſi que des fens faifant un pur uſage ;
Vous fçaurez des vertus relever l'avantage :
Et pour les embellir de plus riches attraits,
Je vais encor plus loin étendre mes bienfaits.
Je prétends dans ce jour fur la Lyrique fcene
Aux Harmoniques loix foûmettre MELPOMENE :
Je veux qu'avec éclat elle expofe en ces lieux
D'un tragique deſſein le nœud judicieux.
CIRCE', qui de mon fang a reçû la naiſſance,
Va du magique effort fignaler la puiſſance :
Au foufle de fa voix on verra fur les eaux
Eclore tout à coup des Spectacles nouveaux :

Apprenez l'art du Chant aux Tritons, aux Naïades,
Que Pan, que les Sylvains, les Nymphes, les Dryades
Répondent du rivage, & par un second chœur
Joignent des Chalumeaux l'attraïante douceur.
Mais ce n'est point assés : qu'une troupe legere
Vienne encor dans chaque acte offrir son ministere;
Les Ballets au sujet prêtant mille agrémens,
En suivront le progrès & les évenemens;
Des Vertus ou des Dieux célébreront la gloire,
Orneront d'un vainqueur la célébre victoire,
Peindront les noirs efforts du pouvoir enchanteur,
Des Enfers évoqués le charme séducteur,
Les Songes effrayans, les funestes présages,
Les Assauts, les Combats, les Vents & les Orages,
Les Graces, les Plaisirs, les Amours & les Jeux,
Et l'innocente paix des Bergers amoureux.

Vous verrez une Nymphe unir à la justesse
De ses pas mesurés la grace & la finesse ;
Une autre avec vigueur s'élever dans les airs,
Pour y faire briller des battemens divers :
De leurs bras balancés la contenance active
Donner à la cadence une expression vive.
On croira dans leurs pas assujettis au Chant,
Lire tout ce qu'exprime un langage touchant.
De tant d'objets divers la Sicile étonnée,
Verra de tous côtés sa rive environnée ;
Les Dieux même du ciel, de la terre, & des mers,
Ne dédaigneront pas d'honorer vos Concerts :
Et cet heureux effort du talent Harmonique
Soûmis aux sages loix de la Muse Tragique,
Dans les siecles futurs un jour éclatera
Sous le faste pompeux & le nom d'Opéra.

Il dit, & dans l'inftant part & perce la nuë;
Tel qu'un trait lumineux il échape à la vûë:
Les Syrenes aux jeux courent fe préparer,
Et le miroir en main (*) elles vont fe parer.

Cependant fur l'émail de la plaine liquide
S'éleve tout à coup un fpectacle fplendide,
C'eft le facré Vallon (†). Les lauriers arrangés
Tracent artiftement des détours ombragés.
Ils offrent à la Scene un vafte & long efpace:
La Fontaine facrée en cercle les embraffe;
Les bords en font parés de tréfors éclatans,
Et préfentent aux yeux le plus riche Printems.
Au loin du double Mont naît le fuperbe faîte,
Les neuf Sœurs de leur maître y célébrent la fête.

(*) On peint ordinairement les Syrenes un miroir à la main.
(†) Prologue.

Chant Quatrieme.

Polymnie exhalant des sons pleins de douceur,
Ouvre par une Fugue un magnifique Chœur.
Les Nymphes de la Scene auſſi-tôt y répondent :
Leurs accens meſurés ſçavament ſe confondent,
Et font avec éclat retentir le Vallon
Des bienfaits, de la gloire, & du nom d'Apollon.

Mais que vois-je ? le Mont s'abîme dans les ondes :
Du noir Dieu des Enfers les demeures profondes
S'ouvrent pour élever un théâtre nouveau ;
Le Soleil n'oſeroit y porter ſon flambeau.
A la lueur des feux qui percent les lieux ſombres,
On voit de tous côtés errer de pâles ombres,
Qui d'un fleuve bourbeux environnant les bords,
Vont chanter de Pluton les amoureux tranſports.
Un palais ſomptueux de ſtructure divine.

Sous ses sombres lambris recevra Proserpine :

Tout conspire à calmer ses douloureux regrets,

A lui faire oublier la Sicile & Cere's,

Par des danses, des jeux, la noire Cour s'aprête

A chanter de son Roy la nouvelle conquête.

Melpomene a pris soin de traiter sagement

Les causes, les progrès de cet enlevement.

Aux peuples de Sicile exprès elle présente

Des objets dont l'histoire est encore récente (*).

Quels traits pouvoient jetter plus de trouble en leurs sens ?

Il n'en est point pour eux de plus intéressans.

Polymnie alliant les vers à la Musique,

A secondé l'effort de la Muse Tragique.

Parthenope leur offre un utile secours,

(*) On croit assés communément que ce fut dans la Sicile que se fit l'enlevement de Proserpine, & c'est par cette raison que Melpomene en choisit le sujet préférablement à tout autre.

Chant Quatrieme.

De l'ouvrage Harmonique elle guide le cours :
Tout se soûmet au joug que la Syrene impose,
Les Mouvemens, les Tems, le Silence, la Pause,
Tout suivra de sa main le signe impérieux.
Les Nymphes, les Tritons, de l'Art Mélodieux
Ont acquis la justesse & le goût méthodique.
Proserpine brillant dans un air Pathétique,
D'un éminent Dessus y file les accens ;
De sa voix indiscrete (*) & de ses sons perçans
Ascalaphe remplit la voute ténébreuse.
Pluton dans les transports de sa flâme amoureuse,
Elance de son sein des Sons forts & nerveux,
Pour les précipiter dans un Sonore creux.
Il poursuit Proserpine, il soûpire, il la presse ;

(*) Jupiter avoit promis à Cerès de lui rendre Proserpine en cas qu'elle n'eût rien mangé dans les Enfers ; mais Ascalaphe indiscretement ayant déposé qu'elle avoit gouté quelques grains de grenades, elle fut condamnée à épouser Pluton & à rester avec lui la moitié de l'année.

Pourra-t-elle du Dieu combattre la tendreſſe?

Elle ſçait qu'Ascalaphe a trahi ſon ſecret,

Elle ſçait du Deſtin l'immuable decret,

Les Dieux l'ont approuvé; le Sort l'a deſtinée

A paſſer aux Enfers la moitié de l'année,

Et pour revoir encor & Cere's & le jour

Elle écoute l'Hymen & pardonne à l'Amour.

Dans un Duo touchant leurs voix ſe réüniſſent,

Leur flâme s'y déploye, & leurs cœurs s'attendriſſent;

Par l'éclat faſtueux d'un Divertiſſement (*),

Le Chœur vient ſeconder leur tendre empreſſement.

Les Clairons, les Hautbois, & les Trompettes ſonnent,

Le doux Chalumeau s'enfle, & les Cordes réſonnent;

Chacun d'eux d'une Fugue employant les reſſorts

Des différentes voix contraſte les accords.

(*) Terme d'Opera pour exprimer le Ballet, qui doit ſe trouver dans chaque acte.

Le Ciel en retentit, la Mer devient Sonore,

Et de rage Typhe'e (†) ébranle le Pélore.

Les peuples fur ces bords volent de tous côtés,

Leurs yeux font éblouis, leurs cœurs font enchantés.

Par tout de la Mufique ils vantent les miracles.

On les verra bientôt imiter ces Spectacles,

Porter dans leurs cités les Lyriques attraits,

Et d'un noble Opera difpofer les aprêts.

Dans les mêmes climats Lully prendra naiffance;

Les tréfors que fon Art répandra dans la France,

Du plus puiffant des Rois, nobles délaffemens,

D'un fiecle ingenieux célébres monumens,

A fa mémoire un jour formeront un trophée

Qui ternira l'éclat de la Lyre d'Orphe'e.

(†) Typhée eft un geant que les poëtes ont feint avoir été écrafé fous le Pelore.

LA MUSIQUE,

EPITRE EN VERS

DIVISEE

EN QUATRE CHANTS.

Troisiéme Edition, revûë, corrigée,
& augmentée.

LA MUSIQUE,
EPITRE EN VERS
DIVISÉE
EN QUATRE CHANTS.

CHANT PREMIER.

Ous verrai-je toûjours d'un esprit prévenu,
Blâmer un goût, Damis, à vous-même
inconnu?
Transporté de colere au seul nom de Cantates,

De nouveaux Opera, de Motets, de Sonates,
Vous devenez l'effroi des modernes Auteurs,
Et rien ne peut contr'eux modérer vos fureurs.
Quoy quitter, dites-vous, dans leur verve insensée
La route par Lully si sagement tracée ?
De l'Art Harmonieux il donna des leçons,
Il sçut à notre Langue accommoder les Sons;
Jamais on ne le vit plein d'une folle audace,
Par des Chants dénüés ou de force ou de grace,
D'un vers trop repeté rompre la liaison,
Ou sur le même mot voltiger sans raison.
Loin de nous ces Auteurs dont la fiere Italie,
Etale vainement la sçavante folie.
Chés eux tout est extrême, & jamais le bon sens
Ne regla leurs desseins ou trop vifs ou trop lents.
Leur Sonate à Lully n'eût paru qu'un Caprice,

Propre à former la main par un vif exercice,

De Sons impétueux un bizare cahos,

Qui sans toucher le cœur en trouble le repos.

Que n'eût point dans ce genre enfanté son génie,

S'il n'en eût dédaigné la frivole manie?

Son goût nous doit servir de modéle & de loi;

Lully seul en un mot a des charmes pour moi.

Reverons, j'y consens, son art & sa memoire:

D'un siecle florissant il étendit la gloire;

Sage dispensateur des Harmoniques Loix,

Il fonda la grandeur du Théatre François.

Que sur le double Mont il ait le rang suprême;

Mais le respect qu'inspire une beauté qu'on aime,

A-t-il droit d'attirer d'injurieux mépris

A toute autre beauté qui peut avoir son prix?

Non, non, difpenfez mieux votre amour, votre haine,
Que la droite raifon foit votre loi certaine;
Et fans vous prévenir contre un auteur nouveau,
Pefez ce qu'un ouvrage a de foible, ou de beau.

Chez nos fimples ayeux une Mufe fauvage
Du Chant tendre & touchant ne connut point l'ufage;
Des moindres libertés fcrupuleux ennemis,
D'un art dur & ftérile efclaves trop foûmis,
Les Auteurs ignoroient l'effort de l'Harmonie.
Un Contrepoint forcé refferroit leur génie;
Les Cantiques facrés, les Plaintes des amans,
Languiffoient fous le poids des plus lourds mouvemens.
Tels furent de Lassus les ouvrages antiques;
Des jeune & vieux Claudins les Ballades gotiques,
Les Trio d'Aucouteaux fur les vers de Mathieu,

Où les mots surannés placés hors de leur lieu,
Immolant la raison aux plus barbares rimes,
Etalent follement de pieuses maximes.
BOISSET fut le premier qui le siecle passé,
Composa des chansons d'un stile plus sensé ;
De traits passionnés il peignit la tendresse ;
Dans les Bacchiques Jeux il sema l'allegresse.
Le CAMUS pour séduire & le cœur & les sens,
N'exhala que des Airs plaintifs & gémissans,
Et des tendres oyseaux empruntant le langage,
De ses nouveaux PRINTEMS introduisit l'usage.
LAMBERT, qui les suivit, sur un ton doucereux
Dans le bel Art du Chant les surpassa tous deux ;
Il fit porter des Sons conduits avec prudence,
Apprit à soutenir, à battre la Cadence :
Par des Doubles fréquens il exerça la voix,

E

Il la sçût rendre ferme & legere à la fois.

Mais ainsi qu'au défaut de beauté naturelle,

Des charmes imposteurs font briller une belle,

Ses Airs n'ont ébloüi que par un Chant fardé;

Sur l'Art de les chanter tout leur prix est fondé:

La Basse n'est jamais juste, ni réguliere,

Ses Doubles sont marqués à la même maniere,

Et malgré son Recueil que BALLARD vendit cher,

PHOEBUS a décidé qu'il n'avoit fait qu'un Air.

TEL fut le goût François dans son adolescence,

Lorsque pour relever l'Harmonique Science,

Le Dieu du sacré Mont fit naître un favori (*),

Aux bords Etruriens par les Muses nourri,

Qui plein de leurs transports, guidé par POLYMNIE (†),

(*) Lully.   (†) Muse de la Musique.

CHANT PREMIER.

Fit éclater le feu de son rare génie.

Un Instrument fécond (*) jusqu'alors avili,

Sous sa brillante main fut bientôt ennobli :

Dès les premiers essais de sa veine fertile,

De l'éclat de ses Sons il éblouit la Ville ;

Et produisit enfin à la Cour de LOUIS,

Dans l'Art de composer ses talens inouïs.

LA Cour superbe alors dans sa saison fleurie

Goûtoit les doux attraits de la galanterie :

De naissantes beautés attiroient chaque jour

Des fêtes à l'Hymen, ou des jeux à l'Amour.

Un Roy jeune, puissant & tout couvert de gloire,

Sans cesse couronné des mains de la Victoire,

Pour délasser son bras de ses travaux guerriers,

(*) Le Violon.

Dans le sein des Plaisirs dormoit sur ses lauriers.

Ses combats, ses assauts, ses brillantes conquêtes

Donnoient un vaste champ à d'éclatantes fêtes.

Batiste osa former l'ambitieux projet

D'exprimer par des Chants un Tragique sujet;

Et paré le premier (*) du Cothurne Lyrique

Apprit à déclamer, à parler en Musique.

Polymnie en frémit : Dieux! dit-elle en couroux,

Q'entreprend cet ingrat, de ma gloire jaloux?

Est-ce par ton aveu, Phoebus, que Melpomene

Veut s'asservir mes Sons pour briller sur la Scène?

Prétend-elle, usurpant de tyranniques droits,

Malgré moi me forcer à lui prêter ma voix?

Mais quel mépris, ô Ciel! quelles Scènes grotesques

(*) Lambert avoit fait avant Lully repréſenter les Paſtorales de Pomone en 1671. & 1672. les Peines & les Plaiſirs de l'Amour ; mais elles ne ſont pas aſſés bonnes pour ôter à Lully l'honneur d'avoir inventé les Spectacles en Muſique.

Font retentir les airs de mille Sons burlesques ?

Quoi ! Momus aiguisant ses Satyriques traits,

Ose défigurer mes Lyriques attraits ?

Apollon l'entendit ; mais la plainte fut vaine.

Par Lully, Polymnie unie à Melpomene.

Avec mille ornemens étala sous nos yeux

Un Divertissement Comique ou Serieux.

Tels sont Cariselly, Venus, la Serenade,

La Grotte, Pourceaugnac, Bacchus, la Masca-

    rade.

De ces premiers Ballets l'insipide action

Fit languir les Récits vuides d'expression.

Enfin donnant l'effort à son vaste génie

Et d'un stile plus fort maniant l'Harmonie,

Par des soins redoublés Lully se prépara

A placer sur la Scène un pompeux Opera.

La Fortune, pour lui ceſſant d'être cruelle,

Lui traça dès l'inſtant une route nouvelle.

D'un Privilege utile & de mille bienfaits,

LOUIS fçût prévenir & combler ſes ſouhaits (*);

Et malgré les efforts d'une troupe ennemie,

Honora ce Concert du nom d'Académie.

Cadmus parut d'abord ſous un noble appareil;

Il ſe vit couronné d'un ſuccès ſans pareil.

Alceste qui ſuivit, Isis, Psiche', These'e,

Athis, Bellerophon, Proserpine, Perse'e,

Phaeton, Amadis, & Roland furieux,

Porterent de Lully le nom juſques aux Cieux.

Armide qu'il conçut dans des douleurs cruelles (†),

(*) Lambert, l'Abbé Perrin, & le Marquis de Sourdeac avoient obtenu des Lettres Patentes du Roy Louis XIV. pour l'établiſſement de l'Opera; mais les Aſſociés s'étant broüillés, Lully profita de leur diviſion, & obtint pour lui un nouveau Privilege, moyennant une ſomme qu'ils furent obligés de recevoir malgré eux.

(†) Pendant ſon opération au pié dont il mourut à la fin.

CHANT PREMIER.

Lui fit enfin cueillir des palmes immortelles.

Sur les bords Phrygiens tel un Cygne aux abois

Enchante les Echos par sa mourante voix.

Avouons-le : jamais la Nature féconde,

D'un plus rare talent ne fit préfent au monde :

Dans ses heureux tranfports toûjours noble, élevé,

Il fut pour le Théatre un modéle achevé.

Sacrifices, Tombeaux, Enchantemens, Orages,

Tout nous trace chés lui de fidelles images :

Tout eſt fondé, fuivi, rien ne marche au hazard,

Et chaque Acte renferme un chef-d'œuvre de l'Art.

Les Fêtes de PSICHE', les heureux Chants des Ombres,

Que trouble PROSERPINE en leurs demeures fombres,

MEDUSE (*), & les foupirs du tendre Dieu des Bois (†),

La PITHIE (§), & l'Oracle annoncé par fa voix,

(*) Dans Perfée.　　(†) Dans Ifis.　　(§) Dans Bellerophon.

Le Tombeau d'AMADIS, les DUO, le PROLOGUE,
Les Chœurs de PHAETON, les Airs, le Dialogue,
Les Songes, le Sommeil, le Défespoir d'ATHIS,
ARMIDE prefqu'entier, n'auront jamais de prix.
Tant de riches tableaux brillent d'une peinture,
Où la force de l'Art égale la Nature.
Dans les bornes du vrai fans ceffe différent,
Son Récitatif plaît, attendrit, ou furprend ;
Il eft également ou touchant, ou fublime ;
Son Ballet même émeut, caractérife, exprime.
Sous de fimples deffeins fon fçavoir déguifé,
N'offre rien dans fes Chœurs que de noble & d'aifé.
C'eft par ces traits divers qu'au Temple de Memoire
Les Mufes à jamais ont confacré fa gloire.

MAIS à quelque degré que fon Art l'ait porté,

QUINAULT doit partager son immortalité.

Ces mouvemens secrets d'horreur, de jalousie,

Dont l'image épouvente, & dont l'ame est saisie,

Ne se doivent pas moins à la force des vers,

Aux situations, aux spectacles offerts.

Du stile ingénieux, de la sage conduite,

Du jeu de qui la Scène emprunte son mérite,

Naissent les doux transports, dont le beau sexe épris,

Aux plus vulgaires Sons donne souvent le prix.

L'OPERA, de deux Sœurs est le sçavant ouvrage,

Où l'effort de leur Art à l'envi se partage;

MELPOMENE d'un stile & libre & peu chargé

Y doit peindre un sujet sagement ménagé.

A bien rendre le sens POLYMNIE attachée

Doit moduler des Sons dont l'ame soit touchée.

Quand on peut allier leurs différens appas,
Quels charmes cet accord ne raſſemble-t-il pas?
Mais comment Melpomene à des Chants aſſervie,
Peut-elle ſoûtenir une intrigue ſuivie?
L'Opera n'eſt au fond qu'un Poëme imparfait,
Ce n'eſt que par lambeaux qu'on ſaiſit le ſujet;
Les Divertiſſemens dont chaque Acte ſe pare,
Harmonieux détours où notre eſprit s'égare,
Par des Jeux imprévûs coupent l'évenement:
Avec peine on le ſuit; le plus beau dénoüement,
Où ſouvent l'action bruſquement ſe termine,
Ne ſe doit qu'au ſecours d'un Dieu dans ſa machine.

Quinault de ce grand Art pénétra les ſecrets;
Tous ſes mots pour les Sons ſemblent s'offrir exprès;
Sa diction toûjours facile & naturelle,

Trace de fa penfée une image fidelle.

Ce qu'il conçoit s'explique avec fécondité;

Son tour eft doux, Lyrique, & n'eft point emprunté.

Sa Scène fe foûtient dans toutes fes parties,

Son Dialogue eft plein de juftes reparties.

Enfin c'eft par QUINAULT qu'animé, foûtenu,

Au comble de fon Art BATISTE eft parvenu;

Sans BATISTE, QUINAULT n'eût point atteint la place,

Qu'avoüé des neuf Sœurs il occupe au Parnaffe;

Mais leurs rares talens l'un par l'autre embellis,

Du Théatre Harmonique éternifent le prix.

LA MUSIQUE,
EPITRE EN VERS
DIVISEE
EN QUATRE CHANTS.

CHANT SECOND.

Ous donc, qui plein du feu qu'Apollon vous inspire,

Voulez unir vos vers aux doux Sons de sa Lyre,

De vos doctes travaux choisissez pour objet

Une fable connuë, un fertile sujet,

Dont le dessein conduit avec ordre & sagesse,

Dans sa varieté réjoüisse, intéresse.

Que le nœud préparé dès le commencement,

Par un simple progrès conduise au dénoüement ;

Que l'action soit une, & que chaque partie,

A celle qui la suit étroitement se lie :

Que tout au même but forme un heureux concours ;

Qu'un Episode froid n'en trouble point le cours.

De nobles incidens enrichissez l'intrigue ;

Trop simple, elle assoupit ; complexe, elle fatigue.

Offrez au spectateur ardent à s'attacher,

Des situations qui le puissent toucher.

Sur deux Dieux amoureux, étincelans de gloire,

J'aime à voir un mortel (*) remporter la victoire.

(*) Dans Thetis & Pelée.

CHANT SECOND.

L'ame frémit du coup qu'ARMIDE va porter

Dans le fein du héros qu'elle fçut enchanter.

On s'émeut lorfqu'un Roy (*) qu'une furie anime,

Sur fon fils inconnu va confommer un crime.

Que vos Scènes fur tout brillent de fentimens,

D'où naiffent dans le cœur d'imprévûs mouvemens.

Faut-il peindre un tranfport de défefpoir, de rage,

Les plaintes d'un amant qu'on trahit, qu'on outrage ?

Du feul Récitatif cherchez l'expreffion ;

Un Air trop mefuré fait languir l'action.

Si de deux confidens la Scène moins émûë,

N'a rien d'impétueux dont l'image remuë,

Qu'un Dialogue alors en maximes formé,

De brillantes Chanfons foit partout animé.

Qu'avec choix, qu'avec art vos fêtes amenées,

(*) Egée dans Thefée.

Au nœud de l'action paroiffent enchaînées;
Et faffent au milieu des Danfes & des Jeux,
Eclore l'appareil d'un Spectacle pompeux.
De vos vaines fureurs calmez la violence,
La Lyre dans fes Chants veut moins de véhémence.
Imitez de Quinault le ftile gracieux,
La vive netteté, le tour ingénieux;
Empruntez, s'il fe peut, le feu de fes repliques;
Que vos vers foient formés de mots doux & lyriques.
D'un froid Récitatif évitez la langueur;
Des Sons fans intérêt ébranlent peu le cœur;
C'eft le feul fentiment qui touche, émeut, enchante,
On aime ce qu'on dit, bien plus que ce qu'on chante.
Dans un fujet Tragique en Mufique rendu,
Tout le prix des Récits au feul Poëte eft dû.
Lully, qui le premier en traça la maniere,

A de mille façons épuisé la matiere;

Après lui dans ce genre est-il des tours nouveaux,

Qui puissent des Auteurs distinguer les travaux?

Mais le Public outré dans son caprice extrême,

Ne se trouve jamais d'accord avec lui-même.

Colasse de Lully craignit de s'écarter;

Il le pilla, dit-on, cherchant à l'imiter.

Marais suit une route & diverse & sçavante,

Son audace déplaît, son sçavoir épouvante.

Ainsi dans son génie un moderne enchaîné,

Ne produit plus qu'un Chant ou vulgaire, ou gêné,

Et n'ose sur un mot hazarder un passage,

Dont Batiste (*) autrefois n'a pas ouvert l'usage.

La chûte des Auteurs, & le funeste sort,

Qui suivit tant de fois leur inutile effort,

Oppofe à leur ardeur une jufte barriere ;
Ils n'ofent qu'en tremblant entrer dans la carriere :
Tandis qu'en vain contr'eux le Public foulevé
De nouveaux Opera fe plaint d'être privé.

Cependant, tel qu'on voit un vaiffeau dans l'orage,
Des ondes en courroux braver l'affreufe rage,
Et traverfant des flots les abyfmes ouverts,
Terminer dans le port mille travaux foufferts :
Tels fur les flots bruyans de la mer harmonique,
Au travers des écueils de la Scène Lyrique,
La France a vû du fein de fes Auteurs nouveaux,
Au gré de la fortune échaper des morceaux,
Dont les heureux deffeins, & dont la Symphonie,
Ont fait luire à nos yeux quelques traits de génie.

Quand la Parque, tranchant le fil des plus beaux jours,
Des progrès de Batiste eut terminé le cours,
Colasse encor frappé de sa perte funeste,
D'Achille (*) commencé sçût achever le reste.
Du malheureux Priam l'excessive douleur,
N'y parut point l'essay d'un téméraire Auteur.
Ene'e & Celadon par leur chûte subite
Obscurcirent l'éclat de ce naissant mérite :
Mais Thetis assûrant son art & son sçavoir,
Du Théatre allarmé fit revivre l'espoir ;
Et les traits éclatans que l'on y vit paroître,
Egalerent l'éleve à son illustre maître.
Vertumne déployant de patetiques Sons,
Soutint encor son nom dans les Quatre-Saisons.
Sa fortune depuis tombée en décadence,

(*) Il étoit commencé par Lully ; il en a fait le Prologue & le premier Acte.

F ij

Sembla fur fon génie attirer l'indigence,
Et l'Auteur de Thetis ne fe reconnut plus
Dans Canente, Jason, Polixene, & Venus.

Eleve' tout à coup par l'Europe Galante,
Du Public empreffé Campra remplit l'attente.
De peuples différens l'affemblage nouveau
Y brilla des couleurs d'un fidéle pinceau.
Venus dans Hesione étala mille charmes ;
Dans Tancrede l'Amour fit répandre des larmes.
Le travail éclatant d'un Chœur harmonieux
Fut dans fon Carnaval (*) un œuvre précieux.
D'un Poëte enjoüé fecondant l'entreprife,
Il hazarda des jeux empruntés de Venife (†) ;
Les célébres plaifirs qui regnent fur ces bords,

(*) Le Carnaval de Venife.
(†) Les Fêtes Venitienes, Poeme de M. Danchet de l'Académie Françoife, qui a toùjours travaillé avec M. Campra.

Y furent exprimés par d'éclatans accords.

Le fort couronna moins tous fes autres ouvrages,

Mais d'excellens débris fignalent fes naufrages.

DESMARETS infpiré dès fes plus jeunes ans,

Donna quelques effais de fes nouveaux talens;

L'aveu (*) trop indifcret d'un travail infertile,

Le perdant à la Cour, l'attira dans la Ville.

La fenfible DIDON, & le tendre ADONIS

Fixoient déjà pour lui tous les vœux réünis;

Lorfque pour l'arracher à l'horrible tempête

D'un Arrêt foudroyant qui menaçoit fa tête,

L'Amour qui dans le crime avoit guidé fes pas,

Prit foin de le conduire en de lointains climats.

(*) Il révela à quelques Seigneurs de la Cour la convention fecrete qu'il avoit faite avec un des Maîtres de la Chapelle pour compofer des Motets en fa place. Louis XIV. en aïant été inftruit blâma fon infidelité, & pour l'en punir lui ôta une penfion qu'il avoit euë en fortant de Page de la Mufique.

Pour dernier monument & d'art & de génie,

Il laiſſa les fragmens de ſon Iphigenie,

Qui par de nouveaux ſoins prenant un nouveau prix,

Et mille fois repriſe enchanta tout Paris (*).

Marais de qui la main toûjours égale & ſûre (†),

Fut des vrais mouvemens la plus juſte meſure,

Sur la Scène trois fois, malgré ſes envieux,

Merita des ſçavans l'aveu judicieux.

De ſon charme infernal la ſombre Symphonie

Répandit dans Alcide une riche Harmonie.

D'Alcionne troublant l'hymen & le repos,

Sur les pas de Colasse il ſouleva les flots (§);

(*) Deſmarets, en s'en allant dans les Pays Etrangers laiſſa la Tragédie d'Iphigenie imparfaite. M. Danchet y fit un Prologue & ajouta les morceaux qui manquoient à la Piece. M. Campra en compoſa la Muſique; & ce qu'il fit dans cet Opera, comme le Prologue, le Songe, la Reconnoiſſance, le Monologue, & la fin du cinquiéme Acte ne cedent en rien à ce qui avoit été compoſé par Deſmarets.

(†) Il battoit la meſure à l'Opera.

(§) Colaſſe avoit fait une tempête dans Thetis & Pelée.

Les sens furent émûs du bruit de sa tempête.

Enfin dans SEMELE' la quatriéme fête,

Les Ballets, la Chaconne, & les magiques jeux,

D'un travail obstiné furent les fruits heureux.

APRE'S avoir des mers évité les naufrages (*)

DESTOUCHES de la Scène affronta les orages.

Dans ses premiers essais, aidé de l'art d'autrui

Il surpassa l'espoir qu'on se formoit de lui ;

D'un Chant passionné l'expression fidelle,

Anima ses Recits d'une force nouvelle ;

Les accens de DODONE, & le sommeil d'ISSE',

Formerent de Paris le concours empressé ;

L'amante d'AGENOR (†), AMADIS, la FOLIE,

(*) Il fit dans sa jeunesse un voyage à Siam ; & après avoir fait plusieurs Opera, il est devenu Sur-intendant de la Musique du Roy.

(†) L'Opera de Callirhoë.

Les Elemens (*) enfin, d'une heureuse saillie

Lancerent mille traits, dont le brillant pouvoir

Ne fit point defirer un plus profond fçavoir.

Mouret joüit long-tems du fuccès de Thalie:

Aux Théatres divers fa gloire est établie (†).

De deux rivaux unis (§) les efforts concertés,

Dans Pirame & Thisbe' femerent des beautés.

On vit avec tranfport une Lyre facrée

Embellir de Jephte' (¶) l'hiftoire révérée;

Quel charme de l'entendre exhaler fes accens,

Au travers des clameurs des Hebreux frémiffans!

(*) Les Elemens. On dit que M. de la Lande y a travaillé.

(†) Il a fait avec un grand fuccès plufieurs Divertiffemens au Théatre Italien.

(§) Rebel fils & Francœur.

(¶) C'eft le premier Opera dont le fujet n'eft point prophane: les paroles font de l'abbé Pelegrin, & la Mufique de Monteclair. Cet Opera doit être mis à la tête des plus beaux ouvrages qui ayent paru depuis Lully.

CHANT SECOND.

EN vain d'autres Auteurs sans force & sans haleine,
Hazarderent les fruits de leur stérile veine :
De tant d'ouvrages froids le trop fréquent débris,
Des premiers OPERA sçût rehausser le prix ;
D'une commune voix Paris les redemande :
A les suivre d'abord l'impatience est grande ;
Mais quel que soit l'attrait dont ils charment les sens,
Ils traînent après eux le grand défaut des ans.
Depuis un demi-siecle ils amusent la France ;
On en est rebattu dès sa plus tendre enfance.
A quelle extrêmité, Ciel ! sommes-nous réduits ?
D'un Art toûjours nouveau quels seront donc les fruits?
Nous verrons-nous bornés dans la soif qui nous presse,
A quelques OPERA qu'on épuise sans cesse ?
Ainsi que JUPITER, du creux de ton cerveau,
PHOEBUS, enfante donc un AMPHION nouveau,

Qui moins foûmis aux loix d'un ftile plagiaire,
Ouvre à notre Mufique un chemin moins vulgaire,
Et qui de l'Italie empruntant quelques feux,
De nos Chants & des fiens faffe un mêlange heureux.
De la Langue déjà pénétrant les myfteres,
BATISTIN s'affervit à des regles aufteres,
Et trois fois annonça quel peut être le fruit
D'un Art ingénieux par deux Mufes conduit.

AH! ceffez, direz-vous, c'eft à tort qu'on nous vante
De vos Ultramontains l'audace extravagante.
Leur goût fauvage & dur fe peut-il fupporter?
Et peut-on applaudir leur façon de chanter?
Ces éclats bondiffans, ces hoquets, ces paffages,
Ont-ils droit d'ufurper nos vœux & nos fuffrages?
De leur fage grandeur tous nos Airs dégradés,

D'un déluge de Sons feroient donc inondés.

C'est ainsi, cher Damis, que tout François raisonne:
Enflé du faux pouvoir que son orgueil lui donne,
Il blâme, il avilit avec témérité
Tout ce qui dans nos mœurs paroît inusité.

Tel & moins sage encor à vingt ans un jeune-homme,
D'un air présomptueux se présente dans Rome,
Et de la langue à peine entendant quelques mots,
Traite tous les Romains d'ignorans & de sots.
Ah quel maudit jargon, quelle étrange grimace!
Fut-il jamais un Chant plus dénué de graces?
Dans quels détours affreux ose-t-il s'égarer?
Au Chant de nos François se peut-il comparer?

Pour vous, mon cher Damis, détestant ce caprice,

Aux talens étrangers rendez plus de juſtice :
Sans les connoître au moins ne les condamnez pas,
Et ſouffrez qu'à vos yeux j'étale leurs appas.

LA MUSIQUE,
EPITRE EN VERS
DIVISE'E
EN QUATRE CHANTS.

CHANT TROISIEME.

OME, dont l'Univers adora la puissance,
Fit regner les beaux arts au sein de l'opulence.

Les Grecs industrieux, redoublant leurs travaux,

Y portoient à l'envi des chef-d'œuvres nouveaux,
Et les Romains formés fur de fçavans modeles,
Devinrent à leur tour des Zeuxis, des Apelles.
Peintres, Muficiens, Architectes, Sculpteurs,
Rhéteurs, Grammairiens, Poëtes, Orateurs,
Par mille monumens confacrant leur mémoire,
De Rome triomphante augmenterent la gloire.
Ce fut le tems heureux, où les Arts liberaux,
En foule répandus en différens canaux,
De leurs brillans tréfors enrichirent le monde,
Et Rome en fut alors une fource féconde.
Mais les Romains déchûs de la faveur de Mars,
En perdant leur valeur perdirent les beaux Arts.
Lâches, efféminés, livrés à la moleffe,
Ils fubirent le joug d'une indigne foibleffe,
Et les vices plus forts que leurs fiers ennemis,

CHANT TROISIEME. 95

Vengerent l'Univers, ou tremblant, ou soûmis.

Enfin de leurs erreurs leurs ames détrompées,

D'un trait victorieux soudain furent frappées,

Et sensible à la Grace, instruite par la Foy,

De l'unique & vrai Dieu Rome suivit la loy.

Son antique grandeur à l'Immortel soumise,

Servit de fondement au trône de l'Eglise.

Les autels que l'erreur élevoit aux faux Dieux,

Fumérent pour lui seul d'un encens précieux.

Les temples résonnoient du bruit de ses loüanges;

Les fidéles Chrétiens, à l'exemple des Anges,

Par des Cantiques saints exhalant leur ferveur,

Consacroient & leur tems & leurs voix au Seigneur.

Leurs Chants à l'unisson formés sans mélodie,

N'étoient aux premiers tems que simple psalmodie.

Différents instrumens admis dans les saints lieux

Ouvrirent une route aux Chants harmonieux;

Et le zele fervent vainqueur de l'ignorance,

De la Muſique enfin rappella la ſcience.

Heureux ſi ce grand Art long-tems enſeveli,

En l'honneur de Dieu ſeul eût été rétabli !

Mais le vice bientôt affoibliſſant ce zéle,

Il devint l'inſtrument d'une ardeur criminelle.

On fit l'Amour en Chant, & ſon ſecret poiſon

Par des Sons doucereux ſéduiſit la raiſon.

On eût dit que ce Mont (*), qui vomit tant de flâmes,

Des peuples d'alentour eût embraſé les ames.

L'empire de l'Amour s'accrut de jour en jour;

La Muſique ſuivit le progrès de l'Amour.

L'Italie eſt ſon centre, & le goût s'en inſpire

Avec l'air enflammé qu'en naiſſant on reſpire.

(*) Le Mont Veſuve.

En

CHANT TROISIEME. 97

En Chantres renommés ce climat est fécond ;
Chaque Bourg, chaque Ville en produit de son fond.
Les Princes, chérissant la Science Harmonique,
En forment à leur Cour un Corps Académique.
Par le charme des Sons les peuples sont séduits,
Et cet attrait puissant souvent les a réduits
A souffrir sans horreur qu'un effort plein de rage,
De leur virilité leur arrachât le gage.
L'air retentit au loin d'Harmonie & de Chant ;
Tout flatte, tout anime un si noble penchant.
Dans un coin fortuné l'onde qui les resserre,
Semble les garantir des fureurs de la guerre :
D'un Soleil pénétrant la vive impression
Les embrase d'un feu prompt à la fiction ;
Et leur langue legere, amoureuse, ou badine,
Autorise le jeu que l'esprit imagine.

Sous le mafque Tragique, un fuperbe Opera
Pour la premiere fois dans Rome fe montra.
Par fon art féduifant l'ingénieufe Optique
Y feconde à l'envi la docte Mécanique.
Les changemens, les vols vivement inventés,
Par des refforts hardis y font exécutés.
Aux accens d'une voix fierement déployée,
L'ame fe fent frémir, l'oreille eft foudroyée.
D'un Théatre profond rempliffant la grandeur,
Ses Sons vifs & perçans vont ébranler le cœur.
Tantôt c'eft une voix flexible & naturelle,
Qui fait briller d'un Chant la jufteffe fidelle ;
Ou par le trait nouveau d'un paffage leger,
Avec force s'élance & voltige dans l'air.
Tantôt c'eft une voix diffufe fans mefure,
Qui formée aux dépens de la propre Nature,

Chant Troisieme.

Puifant dans l'impuiffance un vigoureux éclat,
Tire un prix éclatant d'un coupable attentat.
Prodiguant de fon fein l'inépuifable haleine,
Cet Acteur mutilé pouffe des Sons fans peine;
Redouble une Cadence, & la bat à grands coups;
Y mêle tour à tour & le fort & le doux,
Et ne finit enfin une longue tenuë,
Que par des Sons aigus qui vont percer la nuë.
Paré d'attraits nouveaux, chaque Air différemment
Sur des tons imprévûs module fçavamment ;
Dans fon expreffion affecte un caractére ;
Un deffein en devient l'ornement néceffaire.
Par tous les Inftrumens ce deffein imité,
Du Deffus dont il naît releve la beauté.
La Baffe quelquefois par une Ritournelle,
De la voix qu'elle fuit, fe rend l'Echo fidéle,

Ou fur un même Mode où le Chant eſt rangé,
Roule dans l'Harmonie un Deſſein obligé (*).
Dans les Sons recherchés d'un ſtyle Cromatique,
S'il s'agit de traiter un ſujet pathétique,
Mille accords diſſonans par leur proximité,
Réveillent dans le cœur la ſenſibilité :
La Modulation ſur des Cordes ſçavantes,
Rend les expreſſions & vives & touchantes.
Quelle richeſſe enfin, & quels déguiſemens
Ne prêtent point aux Airs les divers mouvemens ?
Chaque jour l'Italie en ſes mœurs ſi conſtante,
Fait gloire en cet Art ſeul de paroître changeante.
Du ſein ingénieux de ſa fécondité,
Il s'éleve ſans ceſſe un air de nouveauté.
Heureuſe, ſi toûjours à ſa riche Harmonie,
Du Théatre François la grace étoit unie ;

(*) Terme de l'Art, Baſſe obligée ou contrainte.

Mais du style, il est vrai, la sage pureté
N'y rend point un sujet dans son ordre traité.
Les regles de la Scène au caprice immolées
Par des traits monstrueux s'y trouvent violées.
Jamais, du spectateur fixant l'attention,
Un Dialogue vif n'expose d'action.
Le Spectacle desert n'y montre qu'un beau vuide ;
On n'y voit point briller dans un ordre splendide
Cette suite d'Acteurs vêtus superbement,
Qui forment parmi nous un Divertissement.
Ils ignorent les loix du bel Art de la Danse ;
Chés eux jamais Ballet n'a sa juste cadence ;
Et de leurs Violons les divers mouvemens,
Ne servent à leurs Airs que d'accompagnemens.

Depouillant l'Opera d'une langueur stérile.

Scarlatti le premier en releva le ſtyle.
Par une route neuve il s'élève, il ſurprend,
Et ſouvent il atteint le ſublime & le grand.
Aux bords Napolitains la juſte Renommée,
Soûtint de Mancini la vertu confirmée.
Par les tours déguiſés d'un ſtyle plus nerveux,
Bononcini de loin les devança tous deux.
Mais pourquoi parcourir Naples, Veniſe, ou Rome?
L'Angleterre empruntant l'Italique idiome,
N'a-t-elle pas cent fois fait retentir les airs
Du Dramatique éclat de ſes doctes Concerts?
D'un génie étranger la ſource inépuiſable
Enfante chaque année un œuvre mémorable,
Qui d'une nation où fleuriſſent les Arts,
Charme, étonne & ravit l'oreille & les regards.
Dans l'Harmonique fond d'une Orgue foudroyante

Hendel (*) puisa les traits d'une grace sçavante :

Flavius, Tamerlan, Othon, Renaud, Cæsar,

Admete, Siroé, Rodelinde, & Richard,

Eternels monumens dressés à sa mémoire,

Des Opera Romains surpasserent la gloire.

Venise lui peut-elle opposer un rival ?

Son caractere fort, nouveau, brillant, égal,

Du sens judicieux suit la constante trace,

Et ne s'arme jamais d'une insolente audace.

Orgueilleuse Ausonie, il le faut déclarer,

A la honte d'un Art que l'on doit révérer,

Mille insectes maudits, dont tes villes abondent,

De leurs sons venimeux de toutes parts t'inondent :

Par un nombre d'Auteurs de nos jours redoublé,

Je vois sous leurs fureurs ton pays accablé.

(*) Organiste de S. Paul de Londres né en Allemagne, & qui compose avec un grand succès tous les Opera d'Angleterre depuis plus de vingt ans, en langue Italienne.

Mais fuyez loin de nous, monſtres de l'Italie,
Qui bravez la raiſon, qu'aucun devoir ne lie,
Qui ſans ordre ſuivant d'extravagans tranſports,
D'une dure Harmonie étalez les accords,
Vous dont l'eſprit toûjours & confus & barbare,
En dépit du bon ſens enfante un Chant bizare;
Ou qui vous ravalant dans un ſtyle trop bas,
D'un fade badinage offrez les faux appas.
Les François rebutés de tant de vains ouvrages,
A vos fougueux tranſports refuſent leurs ſuffrages,
Et ſur un rebut d'Airs dans Paris mal chantés,
De l'Italie entiere attaquent les beautés.
Mais eſt-ce par des Airs que dans Rome on abhorre
Qu'on doit ſe prévenir ſur un goût qu'on ignore?

La naiſſance, l'uſage, & l'éducation,

Chant Troisieme.

D'un Chant déterminé forment l'impreffion,
Dont l'efprit fans effort ne peut prendre le change,
Le trait nouveau le bleffe & lui paroît étrange.
Du Chant Italien nous blamons les fredons,
Et l'Italien baaille à nos plus tendres Sons :
L'un s'en mocque à Paris, l'autre en rit à Venife,
Chacun en fouverain décide, & fe méprife.
Mais par le tems au vrai le fage accoûtumé,
De fa prévention ceffe enfin d'être armé;
Et d'un goût étranger l'exacte connoiffance
Détruit les préjugés qu'infpire la naiffance.
De la Sonate ainfi reconnoiffant le prix,
Par un docte progrès en France on fut épris.
Déjà par ce chemin la fçavante Italie
A verfé fur nos fens fon aimable folie.
CORELLI par fes Sons enleva tous les cœurs.

De deux Mufes (*) Michel allia les douceurs.

Vivaldi, Marini, par de brillans ouvrages,

De nos Sçavans en foule obtinrent les fuffrages.

Dix fois Albinoni de fes œuvres divers

Remplit avec fuccès la Scène & les Concerts.

De tous les Amateurs de Mufique nouvelle,

Tant de riches tréfors font l'étude fidelle,

Et la fource féconde où nos jeunes Auteurs

Puifent d'un beau fçavoir les graces & les fleurs.

Mais c'eft affés vanter la célébre victoire

Où les François vaincus acquirent tant de gloire.

Voyons dans le progrès de leur travail nouveau,

Quels furent les doux fruits d'un triomphe fi beau.

(*) Mufes Françoife & Italienne.

LA MUSIQUE,
EPITRE EN VERS
DIVISE'E
EN QUATRE CHANTS.

CHANT QUATRIEME.

A Musique est un Art qui tel que la Peinture,
Retraçant à nos sens le vrai de la Nature,
Doit surprendre, émouvoir, & par de doux ressorts,
De l'esprit & du cœur exciter les transports.

Elle renferme en foi différentes parties,
Qui par un juste accord l'une à l'autre assorties,
Doivent faire un ensemble & composer un tout,
Où se soient reünis la science & & le goût.
La sage expression, le beau Chant, l'Harmonie,
Les Fugues, les desseins nés d'un fécond génie,
Les doctes Contrepoints, les Imitations,
Les Changemens divers de Modulations,
L'Enchaînement des Tons, la suite des Cadences,
L'arrangement heureux des riches Dissonances,
L'inépuisable jeu de mille mouvemens,
Sont de cet Art divin les brillans ornemens;
Qui placés avec soin sous des regles sévéres,
Deviennent pour charmer des beautés nécessaires.
Mais comme d'un tableau l'éclatant coloris,
N'en doit pas faire seul la richesse & le prix;

CHANT QUATRIEME.

Qu'il faut que du deſſein la ſage exactitude
Donne à chaque figure une vraie attitude ;
Qu'un ſujet embelli de nobles fictions,
Frape l'œil & le cœur par ſes expreſſions,
Et réüniſſe en lui la force & la parure,
Que doit aux yeux ſçavans étaler la peinture :
Ainſi divers attraits que l'Art ſçait accorder,
Dans l'œuvre Harmonieux doivent ſe ſucceder.
Le beau Chant doit toûjours en être inſéparable ;
L'école la plus forte eſt ſans lui déteſtable.
Mais ſuffira-t-il ſeul ? non, un Air paroît nû,
Quand de quelque deſſein il n'eſt pas ſoûtenu.
Le tems de la meſure, ou tardive, ou legere,
En doit différemment peindre le caractere.
La Baſſe avec la Voix formant de doux combats,
Par imitation peut marcher ſur ſes pas.

Comme un fleuve roulant son onde continuë,
Elle peut du Dessus contraster la Tenuë ;
Et par un jeu fécond du sujet emprunté,
Donner à tous les Airs des traits de nouveauté.
La Musique Françoise a l'heureux avantage
De n'enfanter jamais un son dur, ou sauvage ;
La douceur & la grace accompagnent ses Chants ;
Ils sont tendres, flateurs, expressifs & touchants.
Ses puissantes beautés sur l'Harmonique Scène,
D'un Opera Romain triompheroient sans peine,
Si ses Airs plus nouveaux, plus caracterisés,
Offroient plus de desseins, & des Chants moins usés.
Les graces de l'Ensemble y sont mieux départies ;
L'un est beau dans son tout, l'autre dans ses parties.
Notre Musique enfin, toute simple qu'elle est,
Devient riche au Théatre, & sa sagesse y plaît.

Mais sitôt qu'à nos yeux d'action dépourvûë,
Elle s'offre de près, elle devient si nuë,
Que dès que de la Scène elle a perdu le fard,
On n'y reconnoit plus les richesses de l'Art.
D'un sentier trop battu détourner la Cadence,
C'est faire à notre oreille une coupable offense ;
Sur deux Cordes (*) du Ton regnant obstinément
La Scène n'admet point d'autre déguisement.
Entre les mouvemens la ressemblance est grande;
Tout Air est Menuet, Gavotte, ou Sarabande.

Quiconque donc, touché du pouvoir des accords,
Veut de cet Art fécond épuiser les tréfors,
Trouve dans l'Opera d'inévitables vuides.
Pour contenter l'ardeur de ses desirs avides,

(*) La Tierce & la Quinte.

Il faut qu'un Art plus fort qui se ressemble moins,
Nourisse son étude, & réveille ses soins.

Cette pressante ardeur que l'exemple (*) fit naître,
Forma le goût sçavant que Paris voit s'accroître.
Nos Chants trop amolis d'une fade langueur,
D'un caractere fort y prennent la vigueur :
Il semble que par lui tout l'Art de l'Italie
Au nôtre s'accommode & se reconcilie.
D'un pieux Amateur (†) le zele curieux,

(*) De la Musique Italienne.

(†) M. Mathieu, Curé de Saint André des Arcs, pendant plusieurs années du dernier siecle, avoit établi chés lui un Concert toutes les semaines, où l'on ne chantoit que de la Musique Latine composée en Italie par les grands Maîtres qui y brilloient depuis 1650. sçavoir Luigirossi, Cavalli, Cassati, Carissimi à Rome, Legrenzi à Venise, Colonna à Boulogne, Alessandro Melani à Rome, Stradella à Genes, & Bassani à Ferrare, qui seul a fait imprimer plus de trente Ouvrages. Ces Auteurs ont été les restaurateurs de la bonne Musique en Europe, & les exterminateurs du goût Flamand qui l'avoit infectée pendant plus de cent ans. C'est par le Curé de Saint André que ces bons Ouvrages ont été pour la premiere fois connus à Paris.

Dans la France attira des Motets précieux,

Qui traçant à nos Chants une route nouvelle,

A nos Auteurs naiffans fervirent de modéle.

D'ouvrages renommés il forma fon Concert;

De tous les Connoiffeurs il fut l'azyle ouvert.

Les Exécutions vives & difficiles,

Firent dans l'Art du Chant des Eleves habiles;

Et le Latin offrant plus de fécondité,

Dans un tour tout nouveau fçavamment fut traité.

CHARPENTIER revêtu d'une fage richeffe,

Des Cromatiques Sons fit fentir la fineffe :

Dans la belle Harmonie il s'ouvrit un chemin,

Neuviéme & Tritons brillerent fous fa main.

LA LANDE (*) triomphant d'un préjugé rebelle,

Attira dans la Cour une façon nouvelle.

(*) Sur-Intendant de la Mufique du Roy.

Ses Violons brillans enchaſſés dans ſes Airs,
Font éclore à propos mille Deſſeins legers.
Le caractere vrai regne dans ſon Ouvrage,
Chés lui chaque Verſet rend une vive image;
Il exprime avec force, & ſes Chœurs gracieux
Jettent autant d'éclat qu'ils ſont harmonieux.

Campra chargé d'Accords moiſſonnés à Touloufe
Allarma dans Paris une brigue jalouſe,
Qui par de vains efforts oſa lui diſputer
Un prix (*) que ſon ſçavoir eut droit de remporter.
Bientôt à ſes rivaux il devint redoutable.
De ſes premiers Motets le ſouvenir durable,
Dans ſon écart prophane, à la Cour conſervé,
Le conduiſit enfin dans un poſte élevé (†).

(*) De Maître de Muſique de Notre-Dame.
(†) Il eſt à préſent Maître de Muſique de la Chapelle du Roy.

Par des Recueils brillans d'une richesse égale,
Bernier (*) depuis trente ans dans Paris se signale ;
Il en fait le plaisir, l'amour & les attraits ;
On s'arrache à l'envy le moindre de ses traits.
La France admire en lui l'Italique science ;
Rome révére en lui l'ornement de la France.
Sous sa main les deux goûts semblent se réünir,
Et par lui la querelle est prête de finir.

C'est envain qu'à tromper long-tems accoûtumée,
Par tes bruyantes voix, injuste Renommée,
En faveur de Lully prévenant les esprits,
De ses foibles Motets tu nous vantes le prix.
Sur les autres Auteurs signalant sa victoire,
Au Théatre à ton gré va célébrer sa gloire :

(*) Bernier est aussi Maître de Musique de la Chapelle, & Compositeur de la Chambre du Roi.

Mais ne l'éleve pas dans un ouvrage faint
Au rang où dans ce tems les auteurs ont atteint.
Plus nerveufe aujourd'huy la Mufique Latine,
Etale plus de force, & d'art, & de doctrine :
Un zele ambitieux en accroît les progrès ;
On ofe fe prêter aux Italiques traits.
MORIN ne craignit point d'en prendre la maniere ;
Des mouvemens nouveaux il franchit la barriere :
Dans un ftyle plus vif fes Motets applaudis,
Rendirent fon génie & fes vœux plus hardis.
Prenant du Chant François la route plus ingrate,
Il ofa le premier expofer la Cantate.
Quel farouche deffein ! quelle témérité !
A ce nouvel afpect Paris eft révolté.
Cependant revenu d'une frayeur extrême,
Le Public mieux inftruit fe vit forcé lui-même

D'admirer dans le cours d'un sujet détaché (*),
Le travail élégant d'un Art plus recherché,
Notre langue, il est vrai, plus dure & moins Lyrique,
N'a que de certains mots propres à la Musique ;
Une seule syllabe en s'offrant de travers,
Renverse d'un dessein les mouvemens legers.
De nos mots féminins les bizares entraves
Y gênent les Auteurs de la raison esclaves.
Mais lorsqu'à les placer l'Art se rend scrupuleux,
Les Passages, la Fugue, & les desseins heureux,
Peuvent dans la Cantate entrer avec adresse,
Et donner à ses Airs une noble richesse.

BATISTIN à la grace alliant le sçavoir,
D'un facile génie y montra le pouvoir,

(*) La Cantate.

Et se formant un style harmonieux & tendre,

Dans notre goût François avec art sçut descendre.

Bernier du premier trait de sa sçavante main,

Eleva ses transports au vrai style Romain.

Par de lugubres Sons Clerambaut aux lieux sombres

Attendrit sçavamment le Souverain des Ombres (*).

Tout autre dans Paris n'eut qu'un foible succès.

D'un transport fugitif saisissant les accès,

Envain quelques Auteurs à l'envi s'animerent;

Sur la Cantate envain leurs plumes s'escrimerent:

Elles ne firent voir, dans leurs bizares traits,

Qu'un mélange forcé de deux goûts imparfaits.

Si la France a cent fois retenti des Cantates,

Quel bruit n'excita point la fureur des Sonates?

(*) Dans Orphée: il a fait encore un grand nombre de Cantates dont le succès a été très-grand, & on ne nomme ici Orphée que comme un signal qui annonce ses autres Ouvrages.

Chant Quatrieme.

Essais impétueux des Artistes naissans,
On en vit à foison éclorre tous les ans;
Mais peu d'Auteurs sortant du style plagiaire,
De ce genre nouveau prirent le caractere.
Le CLAIR est le premier qui sans imiter rien,
Créa du beau, du neuf, qu'il peut dire le sien.

Dans les jours où la loi chés les Chrétiens condamne
Du Théatre & des Jeux l'amusement prophane,
Pour consacrer un tems que Dieu s'est reservé,
Un noble Colizée (*) à grands frais élevé,
Forme une Académie où regne la décence.
Là d'Athletes fameux la docte concurrence,
Des Airs les plus touchans étale les appas,

(*) Le Concert Spirituel établi au Château des Thuilleries.

Ou fait briller d'un Chœur l'harmonieux fracas.

Là Guignon ou le Clair par différentes traces,

Semblent lancer la foudre, ou font parler les Graces.

Que de force, d'attraits, d'élegance en leur jeu ?

Le Ciel aux doigts mortels donna-t-il tant de feu ?

Blavet qui releva l'art & la deftinée

De la Flûte, aux langueurs avant lui condamnée,

Tel qu'un nouvel éclair de feux étincelant,

S'y fait jour au travers d'un Concert turbulent.

Leur exemple a déjà ranimé le courage :

Pour le fort des beaux Arts quel fortuné préfage !

Des plus riches Accords leur Eleves nourris,

Aux Sons les plus aigus fe rendent aguerris ;

Et fiers imitateurs d'une brillante audace,

Atteignent de la main la cime du Parnaffe.

Chant Quatrieme.

Tels sont donc, cher Damis, les doctes ouvriers,

Qui du sacré Vallon partagent les lauriers ;

Et telle est la moisson que produisit en France

Des Italiques Sons la féconde semence.

Que tardes-tu, Phoebus ? viens réünir deux sœurs (*);

Repands également sur elles tes faveurs ;

Coupe à leurs vains débats une source importune ;

Dans de sçavans Motets qu'une langue commune,

Sous les loix du bons sens & de l'expression,

Excite chaque jour leur émulation :

Que chacune s'offrant le tribut de l'estime,

Ne se refuse plus un encens légitime.

La Musique n'est qu'une, & ses mêmes Accords

Par tout doivent former de semblables transports.

(*) Muses Françoise & Italienne.

CATALOGUE
CHRONOLOGIQUE
DES OPERA

REPRESENTÉS EN FRANCE
depuis l'année 1645. où ils ont commencé de paroître, jusqu'à préfent.

M. DCC. XXXIII.

CATALOGUE
CHRONOLOGIQUE
DES OPERA

REPRESENTE'S EN FRANCE depuis l'année 1645. où ils ont commencé de paroître, jusqu'à préfent.

1645 LA FESTA THEATRALE DELLA FINTA PAZZA, exécuté au Petit Bourbon par des Muficiens Italiens que fit venir M. le Cardinal Mazarin.
La Mufique eft du Sieur Giulio.

1647 ORPHEO E EURIDICE, *Tragi-Comédie*, repréfentée avec des machines au Palais Royal devant leurs Majeftés.

1660 ERCOLE AMANTE, repréfenté avec bien de la dépenfe au mariage du Roy Louis XIV. par des Acteurs Italiens appellés exprès, avec un Prologue pour la premiere fois.

1669 ARIANE, *Tragedie* en François, qui ne fut point repréfentée à caufe de la mort du Cardinal Mazarin.

Paroles de M. l'Abbé Perin, *Musique de* M. Cambert Intendant de la Musique de la Reine.

Depuis ce tems le même Abbé Perin obtint pour lui & pour ses Associés un Privilege ; & c'est depuis ce Privilege qu'on doit compter le premier Opera François.

Premier Opera.

1671   POMONE, *Pastorale*, en cinq Actes, *non-imprimée en Musique.*
     Paroles de M. Perin, *Musique de* M. Cambert.

II.

1672   LES PEINES & LES PLAISIRS DE L'AMOUR, *Pastorale*, en cinq Actes, *non-imprimée en Musique.*
     Paroles de M. Gilbert, *Musique de* M. Cambert.

III.

1672   LES FESTES DE L'AMOUR & DE BACCHUS, *Pastorale*, en trois Actes, *imprimée en Musique :* Partition générale in fol.
     Paroles de M. Quinault, *Musique de* M. de Lully.

IV.

1674   CADMUS, *Tragedie*, en cinq Actes, *imprimée en Musique :* Partition générale in folio.
     Paroles de M. Quinault, *Musique de* M. de Lully.

V.

1674   ALCESTE, *Tragedie*, en cinq Actes,

gravée en *Musique* : Partition in fol. *Imprimée:* Partition in quarto.

Paroles de M. Quinault, *Musique de* M. de Lully.

VI.

1675 THESE'E, *Tragedie*, en cinq Actes, *cy-devant imprimée en Musique :* Partition in fol. Seconde Edition, *gravée.*

Paroles de M. Quinault, *Musique de* M. de Lully.

VII.

1675 LE CARNAVAL, *Mascarade*, en neuf Entrées, *imprimée en Musique :* Partition générale in folio.

Paroles de différens Auteurs. Voyez le Livre. *Musique de* M. de Lully.

VIII.

1676 ATYS, *Tragedie*, en cinq Actes, *cy-devant imprimée en Musique :* Partition in fol. Seconde Edition, *gravée.*

Paroles de M. Quinault, *Musique de* M. de Lully.

IX.

1677 ISIS, *Tragedie*, en cinq Actes, *imprimée en Musique*, en dix parties séparées, in quarto, & en Partition générale in folio.

Paroles de M. Quinault, *Musique de* M. de Lully.

X.

1678 PSYCHE', *Tragedie*, en cinq Actes, *imprimée en Musique :* Partition générale in folio.

Paroles de M. Thomas Corneille, *Musique de* M. de Lully.

XI.

1679 BELLEROPHON, *Tragedie*, en cinq Actes, *cy devant imprimée en Musique :* Partition in folio. Seconde Edition, *gravée.*

Paroles de M. Thomas Corneille, *Musique de* M. de Lully.

XII.

1680 PROSERPINE, *Tragedie,* en cinq Actes, *imprimée en Musique de cinq manieres différentes.* Voyez l'in quarto.

Paroles de M. Quinault, *Musique de* M. de Lully.

XIII.

1681 LE TRIOMPHE DE L'AMOUR, *Ballet*, en vingt Entrées, *imprimé en Musique :* Partition générale in fol. seconde Edition.

Paroles de M. Quinault, *Musique de* M. de Lully.

XIV.

1682 PERSE'E, *Tragedie*, en cinq Actes, *cy-devant imprimée en Musique :* Partition in folio. Seconde Edition, *gravée.*

Paroles de M. Quinault, *Musique de* M. de Lully.

XV.

1683 PHAETON, *Tragedie*, en cinq Actes, *cy-devant imprimée en Musique*, Partition in fol. Seconde Edition, *gravée.*

Paroles de M. Quinault, *Musique de* M. de Lully.

XVI.

1684 AMADIS, *Tagedie*, en cinq Actes, *cy-devant*

devant imprimée en *Musique* : Partition in folio. Seconde Édition, *gravée*.
Paroles de M. Quinault, *Musique de* M. de Lully.

XVII.
1685 ROLAND, *Tragedie*, en cinq Actes, cy-devant imprimée en *Musique* : Partition in folio. Seconde Édition, *gravée*.
Paroles de M. Quinault, *Musique de* M. de Lully.

XVIII.
1685 L'IDYLE SUR LA PAIX, & L'EGLOGUE DE VERSAILLES, *Divertissemens imprimés en Musique* : Partition générale in fol.
Paroles de MM. Racine, Quinault *& Moliere*, *Musique de* M. de Lully.

XIX.
1685 LE TEMPLE DE LA PAIX, *Ballet*, en six Entrées, *imprimé en Musique* : Partition générale in folio.
Paroles de M. Quinault, *Musique de* M. de Lully.

XX.
1686 ARMIDE, *Tragedie*, en cinq Actes, cy-devant imprimée en *Musique* : Partition in folio. Seconde Édition, *gravée*.
Paroles de M. Quinault, *Musique de* M. de Lully.

XXI.
1687 ACIS ET GALATE'E, *Pastorale Héroïque*, en trois Actes, *imprimée en Musique* : Partition générale in folio.

Paroles de M. Capiſtron, *Muſique de* M. de Lully.

XXII.
1688   ACHILE, *Tragedie*, en cinq Aɛtes, imprimée en *Muſique* : Partition in folio.
Paroles de M. Capiſtron, *Muſique de* M. Collaſſe.

XXIII.
1688   ZEPHIRE ET FLORE, *Opera*, en trois Aɛtes, *imprimé en Muſique* : Part. in fol.
Paroles de M. du Boulay, *Muſique de* MM. Loüis & Jean-Loüis de Lully, *freres*.

XXIV.
1689   THETIS ET PELE'E, *Tragedie*, en cinq Aɛtes, *imprimée en Muſique* : Partition in folio.
Paroles de M. de Fontenelle, *Muſique de* M. Collaſſe.

XXV.
1690   ORPHE'E, *Tragedie*, en trois Aɛtes, imprimée en *Muſique* : Partition in fol.
Paroles de M. du Boulay, *Muſique de* M. Loüis de Lully.

XXVI.
1691   ENE'E ET LAVINIE, *Tragedie*, en cinq Aɛtes, *imprimée en Muſique* : Partition in folio.
Paroles de M. de Fontenelle, *Muſique de* M. Collaſſe.

XXVII.
1691   CORONIS, *Paſtorale*, en trois Aɛtes, *non-imprimée en Muſique*.

Paroles de M. Baugé, *Musique de* M. Theobal.

XXVIII.

1691 ASTRE'E, *Tragedie*, en cinq Actes, *non-imprimée en Musique.*
Paroles de M. de la Fontaine, *Musique de* M. Colasse.

1692 BALLET, *dansé à* Ville-Neuve Saint-Georges, *non-imprimé en Musique :* Representé sur le Théatre de l'Opera.
Paroles de M. de Banzy, *Musique de* M. Collasse.

XXIX.

1693 ALCIDE, *ou* LE TRIOMPHE D'HERCULE, *Tragedie*, en cinq Actes, *non-imprimée en Musique.*
Paroles de M. Capistron, *Musique de* MM. Loüis de Lully & Marais.

XXX.

1693 DIDON, *Tragedie*, en cinq Actes, *imprimée par Extrait :* Les Symphonies séparées.
Paroles de Madame Xaintonge, *Musique de* M. Desmarets.

XXXI.

1694 MEDE'E, *Tragedie*, en cinq Actes, *imprimée en Musique :* Partition in folio.
Paroles de M. Thomas Corneille, *Musique de* M. Charpentier.

XXXII.

1694 CEPHALE ET PROCRIS, *Tragedie*, en cinq Actes, *imprimée en Musique :* Partition in folio.

Paroles de M. Duché, *Musique de* Mademoiselle de la Guerre.

XXXIII.

1694   CIRCE', *Tragedie*, en cinq Actes, *imprimée en Musique :* Partition in folio.

Paroles de Madame Xaintonge, *Musique de* M. Desmarets.

XXXIV.

1695   THEAGENE ET CARICLE'E, *Tragedie*, en cinq Actes, *imprimée en Musique*, sans Symphonie, in quarto.

Paroles de M. Duché, *Musique de* M. Desmarets.

XXXV.

1695   LES AMOURS DE MOMUS, *Ballet*, en trois Actes, *imprimé en Musique :* Partition in quarto.

Paroles de M. Duché, *Musique de* M. Desmarets.

XXXVI.

1695   LE BALLET DES SAISONS, en quatre Entrées, *imprimé en Musique :* Partition in quarto. Seconde Edition.

Paroles de M. Pic, *Musique de feu* M. de Lully & *de* M. Collasse.

XXXVII.

1696   JASON, ou LA TOISON D'OR, *Tragedie*, en cinq Actes, *non-imp. en Musique.*

Paroles de M. Rousseau, *Musique de* M. Collasse.

XXXVIII.

1696   ARIADNE ET BACCHUS, *Tra-*

gedie, en cinq Actes, *imprimée en Musique :* Partition in quarto.
Paroles de M. de Saint-Jean, *Musique de* M. Marais.

XXXIX.
1696 LA NAISSANCE DE VENUS, *Opera*, en cinq Actes, *imprimé en Musique :* Partition in quarto.
Paroles de M. Pic, *Musique de* M. Colasse.

XL.
1697 MEDUSE, *Tragedie*, en cinq Actes, *non-imprimée en Musique.*
Paroles de M. Boyer, *Musique de* M. Gervais.

XLI.
1697 VENUS ET ADONIS, *Tragedie*, en cinq Actes, *imprimée en Musique :* Partition in quarto, *rare.*
Paroles de M. Rousseau, *Musique de* M. Desmarets.

XLII.
1697 ARICIE, *Ballet*, en cinq Entrées, *imprimé en Musique :* Partition in quarto.
Paroles de M. Pic, *Musique de* M. la Coste.

XLIII.
1697 L'EUROPE GALANTE, *Ballet*, en quatre Entrées, *imprimé en Musique :* Partition in quarto. Troisiéme Edition, *rare* ; & depuis en Partition générale in fol.
Par. de M. de la Mothe, *Mus. de* M. Campra.

XLIV.
1698 ISSE', *Pastorale Heroïque*, en trois Actes,

imprimée en Musique : Part. in quart. *rare.*
Paroles de M. de la Mothe, *Musique de* M. Destouches.

XLV.

1698   LES FESTES GALANTES, *Ballet*, en trois Actes, *imprimé en Musique :* Partition in quarto.
Paroles de M. Duché, *Musique de* M. Desmarets.

XLVI.

1699   LE CARNAVAL DE VENISE, *Ballet*, en quatre Actes, *imprimé en Musique :* Partition in quarto.
Paroles de M. Regnard, *Musique de* M. Campra.

XLVII.

1699   AMADIS DE GRECE, *Tragedie*, en cinq Actes, *imprimée en Musique :* Partition in quarto. Troisiéme Edition.
Paroles de M. de la Mothe, *Musique de* M. Destouches.

XLVIII.

1699   MATHESIE, *Tragedie*, en cinq Actes, *imprimée en Musique :* Partition in quarto.
Paroles de M. de la Mothe, *Musique de* M. Destouches.

XLIX.

1700   LE TRIOMPHE DES ARTS, *Ballet*, en cinq Entrées, *imprimé en Musique :* Partition in quarto.
Paroles de M. de la Mothe, *Musique de* M. de la Barre.

DES OPERA.

L.
1700 CANENTE, *Tragedie*, en cinq Actes, non-imprimée en *Musique*.

Paroles de M. de la Mothe, *Musique de* M. Collasse.

LI.
1700 HESIONE, *Tragedie*, en cinq Actes, imprimée en *Musique* : Partition in quarto. Seconde Edition.

Paroles de M. Danchet, *Musique de* M. Campra.

LII.
1701 ARETHUSE, *Ballet*, en trois Entrées, imprimé en *Musique* : Partition in quarto.

Paroles de M. Danchet, *Musique de* M. Campra.

LIII.
1701 SCYLLA, *Tragedie*, en cinq Actes, gravée en *Musique* : Partition in quarto.

Paroles de M. Duché, *Musique de* M. Theobal.

LIV.
1701 OMPHALE, *Tragedie*, en cinq Actes, imprimée en *Musique* : Partition in quarto.

Paroles de M. de la Mothe, *Musique de* M. Destouches.

LV.
1702 MEDUS, Roy des Medes, *Tragedie*, en cinq Actes, *imprimée en Musique*, par extrait : Partition in quarto.

Paroles de M. de Lagrange, *Musique de* M. Bouvard.

LVI.

1702 FRAGMENS de M. de Lully, *Ballet*, en quatre Entrées, *imprimé en Musique* : Partition in quarto.

Cette Piece a été mise au Théatre par MM. Danchet & Campra.

LVII.

1702 TANCREDE, *Tragedie*, en cinq Actes, *imprimée en Musique* : Partition in quarto. Seconde Edition.

Paroles de M. Danchet, *Musique de* M. Campra.

LVIII.

1703 ULYSSE, *Tragedie*, en cinq Actes, *imprimée en Musique* : Partition in quarto.

Parole de M. Guichard, *Musique de* M. Rebel.

LIX.

1703 LES MUSES, *Ballet*, en cinq Entrées, *imprimé en Musique* : Partition in quarto.

Paroles de M. Danchet, *Musique de* M. Campra.

LX.

1704 LE CARNAVAL ET LA FOLIE, *Comedie-Ballet*, en quatre Actes in quarto, *rare*.

Paroles de M. de la Mothe, *Musique de* M. Destouches.

LXI.

1704 IPHIGENIE, *Tragedie*, en cinq Actes, *imprimée en Musique* : Partition in quarto. Seconde Edition.

Paroles de M. Duché, *Musique de* M. Desmarets.

DES OPERA.

LXII.
1704 TELEMAQUE, Fragmens des Modernes, *Tragedie*, en cinq Actes, *non imprimée en Musique.*
Cette Piece a été mise au Théatre par MM. Danchet & Campra.

LXIII.
1704 ALCINE, *Tragedie*, en cinq Actes, *gravée en Musique:* Partition in folio, *rare.*
Paroles de M. Danchet, *Musique de* M. Campra.

LXIV.
1705 LA VENITIENNE, *Comedie-Ballet.*, en trois Actes, *non-imprimée en Musique.*
Paroles de M. de la Mothe, *Musique de* M. de la Barre.

LXV.
1705 PHILOMELE, *Tragedie*, en cinq Actes, *imprimée en Musique:* Partition in quarto.
Paroles de M. Roy, *Musique de* M. la Coste.

LXVI.
1706 ALCIONE, *Tragedie*, en cinq Actes, *gravée en Musique:* Partition in quarto.
Paroles de M. de la Mothe, *Musique de* M. Marais.

LXVII.
1706 CASSANDRE, *Tragedie*, en cinq Actes, *imprimée en Musique:* Partition in folio.
Paroles de M. de la Grange, *Musique de* MM. Bouvard & Bertin.

LXVIII.
1706 POLIXENE ET PYRRHUS, *Tra-*

gedie, en cinq Actes, *imprimée en Musique :* Partition in folio.
Paroles de M. de la Serre, *Musique de* M. Colasse.

LXIX.
1707　BRADAMANTE, *Tragedie*, en cinq Actes, *imprimée en Musique :* Partition in quarto.
Paroles de M. Roy, *Musique de* M. la Coste.

LXX.
1708　HIPPODAMIE, *Tragedie*, en cinq Actes, *imprimée en Musique :* Partition in quarto.
Paroles de M. Roy, *Musique de* M. Campra.

LXXI.
1708　ISSE', *Pastorale-Heroïque*, en cinq Actes. Troisiéme Edition, *imprimée en Musique :* Partition générale in folio.
Paroles de M. de la Mothe, *Musique de* M. Destouches.

LXXII.
1709　SEMELE', *Tragedie*, en cinq Actes, *gravée en Musique :* Partition in quarto.
Paroles de M. de la Mothe, *Musique de* M. Marais.

LXXIII.
1709　MELEAGRE, *Tragedie*, en cinq Actes, *imprimée en Musique :* Partition in quarto.
Paroles de M. Jolly, *Musique de* M. Batistin.

LXXIV.
1710　DIOMEDE, *Tragedie*, en cinq Actes, *imprimée en Musique :* Partition in quarto.
Paroles de M. de la Serre, *Musique de* M. Bertin.

DES OPERA.

LXXV.
1710 LES FESTES VENITIENNES, *Ballet*, en plusieurs Entrées, *imprimé en Musique :* Partition in quarto.
Paroles de M. Danchet, *Musique de* M. Campra.

LXXVI.
1711 MANTO, *Opera*, en cinq Actes, *imprimé en Musique :* Partition in quarto.
Paroles de M. Menesson, *Musique de* M. Batistin.

LXXVII.
1712 IDOMENE'E, *Tragedie*, en cinq Actes, *imprimée en Musique :* Partition in quarto.
Paroles de M. Danchet, *Musique de* M. Campra.

LXXVIII.
1712 CREUSE, *Tragedie*, en cinq Actes, *imprimée en Musique :* Partition in quarto.
Paroles de M. Roy, *Musique de* M. la Coste.

LXXIX.
1712 LES AMOURS DE VENUS, *Ballet*, en trois Entrées, *non-imprimé en Musique*, à la reserve du Prologue.
Paroles de M. Danchet, *Musique de* M. Campra.

LXXX.
1712 CALLIRHOE', *Tragedie*, en cinq Actes, *imprimée en Musique :* Partition in quarto. Seconde Edition.
Paroles de M. Roy, *Musique de* M. Destouches.

LXXXI.

1713 MEDE'E ET JASON, *Tragedie*, en cinq Actes, *imprimée en Musique* : Partition in quarto.

Paroles de M. de la Roque, *Musique de* M. Salomon.

LXXXII.

1713 LES AMOURS DE'GUISE'S, *Ballet*, en trois Entrées, *imprimé en Musique* : Partition in quarto.

Paroles de M. Fusilier, *Musique de* M. Bourgeois.

LXXXIII.

1713 TELEPHE, *Tragedie*, en cinq Actes, *imprimée en Musique* : Partition in quarto.

Paroles de M. Danchet, *Musique de* M. Campra.

LXXXIV.

1714 ARION, *Tragedie*, en cinq Actes, *imprimée en Musique* : Partition in quarto.

Paroles de M. Pellegrin, *Musique de* M. Matho.

LXXXV.

1714 LES FESTES DE THALIE, *Ballet*, en plusieurs Entrées, *imprimé en Musique* : Partition in quarto.

Paroles de M. de Lafonds, *Musique de* M. Mouret.

LXXXVI.

1714 TELEMAQUE, *Tragedie*, en cinq Actes, *imprimée en Musique* : Partition in quarto.

DES OPERA. 141

Paroles de M. Pellegrin, *Musique de* M. Destouches.

LXXXVII.
1715 LES PLAISIRS DE LA PAIX,
Ballet, en trois Entrées, *gravé en Musique*: Partition in quarto.

Paroles de M. Mennesson, *Musique de* M. Bourgeois.

LXXXVIII.
1715 THEONOE', *Tragedie*, en cinq Actes, *imprimée en Musique*: Partition in quarto.

Paroles de M. Pellegrin, *Musique de* M. Salomon.

LXXXIX.
1716 AJAX, *Tragedie*, en cinq Actes, *imprimée en Musique*: Partition in quarto.

Paroles de M. Mennesson, *Musique de* M. Bertin.

XC.
1716 LES FESTES DE L'ESTE', *Ballet*, en trois Entrées, *imprimé en Musique*: Partition in folio.

Paroles de M. Pellegrin, *Musique de* M. Monteclair.

XCI.
1716 HYPERMNESTRE, *Tragedie*, en cinq Actes, *imprimée en Musique*, Partition in quarto.

Paroles de M. de Lafonds, *Musique de* M. Gervais.

XCII.
1717 ARIANNE, *Tragedie*, en cinq Actes,

imprimée en Musique : Partition in quarto.

Paroles de MM. Roy & de Lagrange, *Musique de* M. Mouret.

XCIII.

1717   CAMILLE, *Tragedie*, en cinq Actes, *imprimée en Musique* : Partition in quarto.

Paroles de M. Danchet, *Musique de* M. Campra.

XCIV.

1718   LE JUGEMENT DE PARIS, *Pastorale Heroïque*, en trois Actes, *imprimée en Musique* : Partition in quarto.

Paroles de M. Pellegrin, *Musique de* M. Bertin.

XCV.

1718   LE BALLET DES AGES, en quatre Entrées, *non-imprimé*; un seul Extrait *gravé*.

Paroles de M. Fusilier, *Musique de* M. Campra.

XCVI.

1718   SEMIRAMIS, *Tragedie*, en cinq Actes, *imprimée en Musique* : Partition in quarto.

Paroles de M. Roy, *Musique de* M. Destouches.

XCVII.

1719   LES PLAISIRS DE LA CAMPAGNE, *Ballet*, en trois Actes, *imprimé en Musique*, par Extrait.

Paroles de M. Pellegrin, *Musique de* M. Bertin.

XCVIII.

1720   POLIDOR, *Tragedie*, en cinq Actes, *non-imprimée en Musique*.

Paroles de M. de la Serre, *Musique de* M. Batistin.

XCIX.
1720 LES AMOURS DE PROTE'E, *Ballet*, en trois Actes, *imprimé en Musique* : Partition in quarto.
Paroles de M. de Lafonds, *Musique de* M. Gervais.

C.
1722 RENAUD, *ou* LA SUITE D'ARMIDE, *Tragedie*, en cinq Actes, *imprimée en Musique* : Partition in quarto.
Paroles de M. Pellegrin, *Musique de* M. Desmarets.

CI.
1723 PIRITHOUS, *Tragedie*, en cinq Actes, *gravée en Musique* : Partition in quarto.
Paroles de M. de la Serre, *Musique de* M. Mouret.

CII.
1723 LES FESTES GRECQUES ET ROMAINES, *Ballet Heroique*, en trois Actes, *imprimé en Musique* : Partition in quarto.
Paroles de M. Fusilier, *Musique de* M. Colin de Blamont.

CIII.
1724 LA REINE DES PERIS, *Comedie Persane*, en quatre Actes, *gravée en Musique* : Partition in quarto.
Paroles de M. Fusilier, *Musique de* M. Aubert.

CIV.
1725 LES ELEMENS, *troisiéme Ballet du Roi,*

en quatre Entrées, *imprimé en Musique* : Partition in quarto.

Paroles de M. Roy, *Musique de* MM. Lalande & Destouches.

CV.
1725 TELEGONE, *Tragedie*, en cinq Actes, *imprimée en Musique*, Partition in quarto.

Paroles de M. Pellegrin, *Musique de* M. de la Coste.

CVI.
1726 LES STRATAGEMES DE L'AMOUR, *Ballet*, en quatre Entrées, *imprimé en Musique* : Partition in quarto.

Paroles de M. Roy, *Musique de* M. Destouches.

CVII.
1726 PYRAME ET THYSBE', *Tragedie*, en cinq Actes, *gravée en Musique* ; Partition in quarto.

Paroles de M. de la Serre, *Musique de* MM. Rebel Fils, & Francœur le Cadet.

CVIII.
1727 LES AMOURS DES DIEUX, *Ballet* en quatre Entrées, *gravé en Musique* : Partition in quarto.

Paroles de M. Fusilier, *Musique de* M. Mouret.

CIX.
1728 ORION, *Tragedie*, en cinq Actes, *imprimée en Musique* : Partition in quarto.

Paroles de M. Pellegrin, *Musique de* M. de la Coste.

CX.

DES OPERA.

CX.
1728 LA PRINCESSE D'ELIDE, *Ballet heroïque*, en trois Actes, *imprimé en Musique*, Partition in quarto.
Paroles de M. Pellegrin, *Musique de* M. Villeneuve.

CXI.
1728 TARSIS ET ZELIE, *Tragedie*, en cinq Actes, *imprimée en Musique :* Partition in quarto.
Paroles de M. de la Serre, *Musique de* MM. Rebel fils, & Francœur cadet.

CXII.
1729 LES AMOURS DES DE'ESSES, *Ballet*, en quatre Entrées, *imprimé en Musique :* Partition in quarto.
Paroles de M. Fusillier; *Musique de* M. Quinault.

CXIII.
1730 PYRRHUS, *Tragedie*, en cinq Actes, *imprimée en Musique :* Partition in quarto.
Paroles de M. Fermelhuys, *Musique de* M. Royer.

CXIV.
1731 ENDYMION, *Pastorale héroïque*, en cinq Actes, sans Prologue, *imprimée en Musique :* Partition in quarto.
Paroles de M. de Fontenelle, *Musique de* M. Collin de Blamont.

1732 DIVERTISSEMENT donné devant le Roy, & depuis à l'Opera, à l'occasion du

Mariage de S. A. S. Monsieur le Prince de Conty avec Mademoiselle d'Orleans.

CXV.

1732　JEPHTE', *Tragedie*, en cinq Actes, tirée de l'Ecriture Sainte, *gravée en Musique*, Partition générale in folio.

Paroles de M. l'Abbé Pellegrin, *Musique de* M. Monteclair.

CXVI.

1732　LE BALLET DES SENS, en cinq Actes, *gravé en Musique :* Partition in quarto.

Paroles de M. Roy, *Musique de* M. Mouret.

CXVII.

1732　BIBLIS, *Tragedie*, en cinq Actes, *imprimée en Musique :* Partition in quarto.

Paroles de M. Fleury, *Musique de* M. de Lacoste.

CXVIII.

1733　L'EMPIRE DE L'AMOUR, *Ballet.*
Paroles de M. Demoncrif, *Musique de* M. le Chevalier de Brassac.

DIANE,
OU
LES LOIX DE LA CHASSE
DU CERF,
POEME.

Seconde Partie.

PREFACE.

CE Poëme n'emprunte de la Fable que le seul nom de Diane, dont on a cru devoir se servir pour parler un langage plus convenable à la Poësie. C'est un Ouvrage purement Didactique, dont l'objet est de donner aux personnes curieuses une idée des connoissances de la Chasse du Cerf, & de retracer aux Chasseurs une image réduite en principes, des opérations qu'ils reconnoissent tous les jours dans la pratique de cet exercice.

Gaston, surnommé Phœbus, Comte de Foix, est un des plus anciens Auteurs qui ayent écrit en François sur les différentes Chasses, & entr'autres sur celle du Cerf. Il y a un Traité de lui qui a pour titre, *Déduits de la Chasse*, imprimé en lettres Gothiques à Paris par Antoine Verard, sans date ; mais on juge par le tems où travailloit cet Imprimeur, que l'Ouvrage de Gaston de Foix peut avoir été mis au jour aux environs de de l'année 1518. sous le regne de François I. Ce livre avoit été composé long-tems auparavant ; il y en a des exemplaires manuscrits dans la Bibliotheque du Roy & dans celle de Monsieur le Comte de Toulouse, dont les miniatures sont, dit-on, d'une très-riche exécution : les deux tiers de cet Ouvrage font en profe, & l'autre tiers en vers, & le tout traite des différentes efpeces de Chaffe.

La paffion extrême que Charle IX. Roy de France avoit pour ce noble amufement, l'engagea à compofer lui-même un Traité fur la Chaffe du Cerf en particulier. Ce petit Ouvrage eft plein d'érudition, & de belles recherches fur la nature des Cerfs, aufquelles il dit avoir fait travailler les plus fçavans perfonnages.

Jacques du Fouilloux Gentilhomme Poitevin lui dédia une Venerie complette dans un volume in 4. dont il y a eu plufieurs Editions. La Venerie de du Fouilloux renferme un grand nombre de connoiffances, & de détails ; mais il s'y trouve peu d'ordre, beaucoup de répétitions : le ftyle en eft furanné & fouvent trop libre.

Sous le même regne, Charle Gaucher natif de Dampmartin Aumônier du Roy, avoit commencé un Ouvrage en vers François fur la même matiere, ainfi qu'il le dit lui-même dans fa Préface ; mais il ne parut qu'après la mort de Charle IX. Il eft intitulé *Les Plaifirs des Champs*, imprimé pour la premiere fois en 1583. dédié à Monfieur de Joyeufe, Amiral de France & Gouverneur de Normandie. Il y en a eu une feconde Edition dédiée à Monfieur de Monbazon.

Quarante ans après parut le Traité de la

PREFACE.

Chaſſe du Cerf de Charle IX. imprimé à Paris, en l'année 1625. & dédié à Louis XIII.

ENFIN en l'année 1655. Robert Salnove dédia à Louis XIV. ſa Venerie Royale, qui lui acquit toute la réputation qu'il a encore aujourd'hui.

CE fut dans la même année 1655. que Jacques Savary, natif de Caën, y fit imprimer un Poëme Latin diviſé en ſept livres ſur la ſeule Chaſſe du Lievre, intitulé *Album Dianæ Leporicidæ, ſive Venationis Leporinæ Leges.* Il le dédia à Monſieur de Pompone de Bellievre, Premier Préſident du Parlement de Paris. Le ſuccès qu'eut cet Ouvrage, l'engagea à compoſer trois autres Poëmes Latins ſous le titre de *Venationis Cervinæ, Capreolinæ, Aprugnæ, & Lupinæ Leges.* Ils furent imprimés à Caën en 1659. & dédiés à Meſſieurs les Princes de Longueville, auſquels Savary étoit fort attaché depuis long-tems. Ils ſont poſtérieurs de quatre années à la Venerie de Salnove que Savary a ſuivi en beaucoup de choſes ; mais dont il a réduit les principes dans une plus grande préciſion. On peut croire qu'il ne forma le deſſein d'écrire en vers Latins que dans la vûë d'animer les études de ces jeunes Princes, en flattant la paſſion extrême qu'ils avoient pour la Chaſſe, & dans laquelle par un long exercice il avoit acquis lui-même de pro-

PREFACE.

fondes connoiffances : peut-être auffi dans l'idée de faire paffer dans les pays étrangers par une langue commune les principes d'un art dont il attribuë l'origine aux Gaulois prédéceffeurs des François.

Quoi qu'il en foit on ne peut affés admirer la conftance, l'érudition & la facilité avec laquelle cet Auteur a rendu dans une langue morte des termes durs, bizares, & la plûpart nouveaux, qui ne pouvoient s'exprimer que par des circonlocutions difficiles, & par le fecours d'une féconde latinité. Son ftyle eft noble, élevé, net, plein d'énergie, & très-intelligible à tout homme qui entend bien & la Chaffe & le Latin. Mais comme peu de perfonnes poffedent à la fois parfaitement ces deux connoiffances, fes Poëmes fe font trouvés moins à la portée du Public, que la Venerie de Fouilloux & celle de Salnove. Peu de gens fe déterminent à donner une application pénible à une matiere qu'ils envifagent comme un fimple amufement. Cependant le mérite de fes ouvrages a été reconnu dans tous les tems : il eft même affés difficile d'en recouvrer des exemplaires ; peut-être en a-t-il beaucoup paffé dans les pays étrangers : on n'en trouve plus à Caën, & rarement à Paris.

Le Poëme François qu'on donne aujourd'hui eft compofé en général fur le plan du Poëme

PREFACE. 153

Latin de la Chaſſe du Cerf de Savary ; mais le détail en eſt ſouvent très-différent. On en a retranché beaucoup de choſes qu'on a cru repetées ou abrogées par l'uſage. On en a ajoûté quelques autres qui avoient été omiſes, dont les autres Auteurs avoient parlé, & qu'on a jugé capables de donner plus d'éclairciſſemens & de graces à l'Ouvrage ; & on a taché de n'expoſer les opérations & les mouvemens de la Chaſſe, que ſuivant la maniere qui ſe pratique aujourd'hui, fort différente de celle du tems paſſé. Quoique toutes les circonſtances de la Curée ſoient abſolument les mêmes que celles dont Savary a fait le détail, on a cru devoir en changer la forme en y attachant des idées plus poëtiques, & en relevant en quelque façon par l'appareil d'un ſacrifice un détail d'opérations viles dans leſquelles on eſt forcé néceſſairement d'entrer. Il n'a pas été poſſible de ſuivre l'Auteur, quand il parle de la S. Hubert : il n'y auroit pas eu de bienſéance de prononcer ce nom dans un Poëme purement profane, & où celui de Diane eſt employé dans tous les Chants : cette fête eſt ſuffiſamment déſignée par le tems où elle eſt célébrée ; rien n'a paru plus naturel que de l'attribuer à Diane pour conſerver par un ſtyle fabuleux le caractere du Poëme. C'eſt auſſi dans cette vûë qu'on a ſuivi entierement l'Auteur original dans les comparaiſons qu'il a cru devoir employer quelquefois pour relever fa matiere, foit quand il décrit les combats des Cerfs fous l'image d'un Tournoy, foit quand il donne aux Chiens de Meute & aux Relais le nom de Milice, dont il ofe comparer les opérations à celle des troupes Romaines : on efpere que cette hardieffe, qui feroit peut-être condamnable dans la profe, ne déplaira pas dans la poëfie, & n'y produira pas de moindres beautés que dans le Poëme Latin.

On a affecté, autant qu'il a été poffible, de répandre dans la verfification tous les termes connus & confacrés à la Chaffe du Cerf; ils y font défignés par des caracteres Italiques, & on trouve leur explication, ou dans les notes, ou dans le Dictionnaire qui eft à la fin du Livre. Cependant c'eft quelquefois aux dépens du vers que ces termes barbares ont été mis en œuvre. Mais fi une fujettion fi génante peut mériter quelque grace auprès des oreilles fenfibles à l'harmonie, elle n'en doit pas moins attendre de celles des veritables Chaffeurs, lorfque dans toutes les occafions on n'a pas employé les termes propres à la Chaffe; la néceffité du vers, l'obligation de varier & d'éviter la repetition trop fréquente des mêmes mots, a contraint de fe fervir quelquefois de termes finonymes qui en facilitent l'intelligence aux perfonnes moins verfées dans l'Art. C'eft par la même raifon qu'on a été obligé d'en retrancher totalement quelques-uns : quel moyen, par exemple, d'employer dans un vers le terme de Valet de Chiens ou de Limier ? On a fuivi dans ce changement l'exemple du Poëte Latin, qui trouvant le même inconvenient dans fa langue, a fubftitué le nom de Quêteurs aux Valets de Limiers, ou celui de Conducteurs aux Valets de Chiens. C'eft une liberté à laquelle on prie les Chaffeurs rigides de vouloir fe prêter en faveur de la dignité de la Poëfie. On leur demande la même juftice en ce que l'on n'a pas fuivi l'ufage qui femble s'être introduit depuis quelque tems de dire un Piqueux au lieu d'un Piqueur, & un Cerf dix cors au lieu d'un Cerf de dix cors. Quand on écrit, on doit s'aftreindre aux regles de la langue. Salnove, qui eft le dernier Auteur François, dit toûjours un Piqueur & un Cerf de dix cors. Le langage familier permet des libertés qui ne fe fouffrent point dans l'impreffion.

L'union du Poëme de la Chaffe avec celui de la Mufique paroîtra fans doute affez convenable : le titre commun des DONS DES ENFANS DE LATONE qui les raffemble, eft fondé fur la naiffance que la Fable attribuë à APOLLON & à DIANE : & quoique les matieres en foient totalement différentes, le même objet ne femble-t-il pas les réunir ? Ces deux Arts font particulierement destinés à faire les délices des gens de Condition; ce sont presque les seuls dont ils fassent gloire d'approfondir les détails, & dans lesquels ils ne dédaignent pas même d'être les Ouvriers: on souhaite que ce qui n'a été que l'objet d'une occupation amusante puisse leur paroître agréable, & leur procurer quelques instans de plaisir.

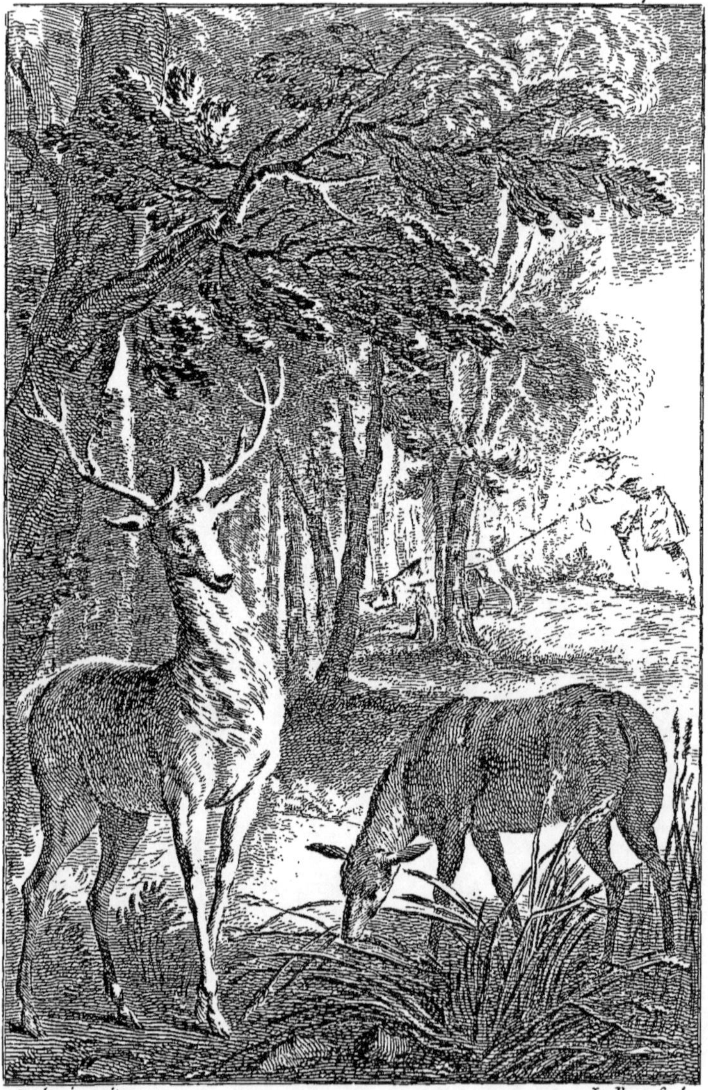

Oudry invenit

Le Bas Sculp.

DIANE,
OU
LES LOIX DE LA CHASSE
DU CERF,
POEME.

CHANT PREMIER.

'Est assez d'APOLLON célébrer les douceurs;
Muse, viens de DIANE annoncer les faveurs;
La fille de LATONE exige tes hommages :
Retrace de ses dons les nobles avantages,

L'image de la guerre & les travaux des Rois;

Prens un nouvel essor, & dicte-moy les loix

Qui déterminent l'art & la regle certaine

De *détourner* (1) le Cerf & d'en *forcer l'haleine.*

Loin de moi folle ardeur, course du Levrier :

Vos triomphes trop prompts flatent-ils un guerrier?

Envain Sparte, jadis des cités la plus sage,

De vos amusemens fit un fréquent usage (2).

Loin de moy stratagême à grand frais préparé,

Qui dans un Parc mouvant de toiles entouré (3),

Surprenez lâchement une troupe éplorée,

Pour la livrer aux coups d'une main assurée.

(1) C'est découvrir le lieu où le Cerf s'est mis à la reposée avant le jour, & par une enceinte faite avec le Limier s'assûrer qu'il n'en est point sorti.
(2) Les Lacedemoniens s'adonnoient fort à la Chasse, & avoient des Chiens très-vîtes qu'on croit avoir été des Levriers : *Veloces Spartæ Catulos.* Virgile, Georgiq. III. 405.
(3) On prend les Cerfs en certains pays dans les toiles, mais plus communément les Sangliers; & ensuite on se fait un amusement de les tuer avec des dards.

Ma Muse se refuse à peindre des plaisirs
Où la gloire n'est point l'objet de nos desirs :
Profitons mieux des biens que Diane présente ;
Fuyez loin de ses jeux, fuyez, arme sanglante :
Que la honte, la fraude, & les exploits cruels
N'y souillent point le bras des généreux mortels.
Craignons le sort fatal qu'éprouva Cyparisse (1),
Ses regrets dévorans forgerent son supplice ;
Le Cyprès pleure encore, & sa gluante humeur
N'exprime-t-elle pas son amere douleur ?
Je veux chanter les loix d'un plus noble exercice,
Retracer du Limier (2) l'ingénieux indice,
Qui conduit le Veneur par le *Trait* attiré
Aux lieux où sans effroy le Cerf s'est retiré ;

(1) Cyparisse, après avoir tué un Cerf qu'il aimoit, en séchoit de chagrin ; il fut changé par Apollon en Cyprès dont la gomme a été regardée par les Poëtes comme des larmes qui expriment encore sa douleur.
(2) Chien de trait dont on se sert pour détourner le Cerf.

Apprendre à le connoître & comment on l'entoure,

L'*Ordre* (¹) des *Chiens-courans*, le tems du *Laissé-courre* (²),

Et les rares secrets, qu'aux siecles reculés,

La premiere aux Mortels DIANE a revelés.

Toy qui de suivre un Cerf fais tes cheres delices,

Qui braves les rochers, les monts, les précipices,

Triomphes des saisons, de tout obstacle humain,

Et des âpres forêts applanis le chemin,

Déesse, guide-moy dans ma noble carriere,

Du Parnasse où je cours, ouvre-moy la barriere :

Ton frere t'en apprit les plus secrets détours,

Ne me refuse pas ton utile secours,

(1) On dit un bel Ordre de Chiens pour en exprimer l'espece & la qualité.
(2) Lieu où on lache les Chiens après que le Cerf y a été détourné.

Ecarte devant moy les ronces, les épines,
Montre à mes pas tremblans la voie où tu chemines;
Applaudis à mon zele, échauffe mes esprits;
Tandis que de tes dons éternisant le prix,
Je vais vanter ton culte, enflamer le courage,
De tes divines loix publier le langage,
T'élever des autels, & des superbes cœurs
Te faire des sujets & des adorateurs.

FRANÇOIS, je ne viens point révéler des mysteres
Etranges, inoüis, inconnus à vos peres;
Dans la Chasse avant vous le Gaulois élevé
Vous transmit ce grand Art de tout tems cultivé.
Avant que les fureurs du demon de la guerre
Eussent au joug de Rome assujetti la terre;
Avant qu'au monde entier saisi d'un juste effroy,

Le premier des Céfars eût impofé fa loy,

On avoit vû DIANE en la Gaule adorée:

Nulle Divinité n'y fut plus révérée;

JUPITER, & du ciel les Dieux les plus puiffans

Y furent moins chantés, reçûrent moins d'encens.

La demeure des bois aux Celtes fut fi chere,

Qu'ils donnerent au Chêne un facré caractere (*a*),

Et qu'au fond des forêts leurs Druydes (*b*) pieux

Etabliffoient les loix & réveroient les Dieux.

A monter un Courfier le Gaulois fut habile;

Sa main fûre jamais n'en trouva d'indocile;

Dans le fein de la paix, ennemi du repos,

(*a*) Le guy du chêne étoit en grande veneration chez les Gaulois : un de leurs Prêtres le cueilloit, & après l'avoir confacré le diftribuoit au peuple au commencement de l'année facrée en criant *à guy l'an neuf*, terme encor connu dans quelques provinces du Royaume au premier jour de l'an.

(*b*) Du mot grec δρυς qui fignifie chêne a été formé celui de Druides leurs Prêtres : on les appelloit auffi Eubages, Saronides, & Bardes.

Il fçavoit de la guerre imiter les travaux ;

A la courfe, à la lutte, exerçoit fon courage,

D'un affaut ou d'un camp fe retraçoit l'image,

Et par un jeu penible affermiffant fon bras,

Préparoit fa valeur à de fanglants combats.

Dе'jа de fuivre un Cerf la fcience connuë,

Par un long exercice y fut entretenuë.

Mais foit qu'au gré des loix un foin religieux

Dût cacher les fecrets des mortels & des Dieux ;

Soit que l'efprit humain que le tems feul éclaire,

N'eût point pour les tracer trouvé de caractere,

Les myfteres facrés, les annales des Rois,

Les faftes des Heros, les Arts, les grands exploits,

Ne percerent la nuit de ces tems d'ignorance

Qu'à la faveur d'un Chant (*a*) dont la fimple cadence

(*a*) Ce qui répond affez à nôtre Vaudeville que quelques Auteurs appelloient Voixdeville.

Paſſoit de bouche en bouche avec rapidité;

Ouvrage en vers Gaulois par les Bardes chanté (a),

Qui par le pere au fils appris dès ſon enfance,

Conſerva de leurs mœurs l'antique connoiſſance.

Diane ſçut ainſi perpétuer ſes loix

De l'Empire Celtique au regne des François.

Des animaux divers ſi les chaſſes bruyantes,

Chacune dans ſon Art ont des loix différentes,

Des principes communs ſemblent les réünir,

Et les mêmes ſecours doivent leur convenir.

Le choix du tems, des lieux où le Fauve s'adreſſe,

Limiers, Meute, Piqueurs, Coureurs de toute
     eſpece,

D'abondans revenus pour les entretenir,

(a) On croit communément que Bardus Roi des Gaules inventa la rime: il donna ſon nom aux Bardes qui devinrent après lui les Prêtres de la Nation & cultiverent la Poëſie.

CHANT PREMIER.

Sont les premiers aprêts dont il faut fe munir.
On connoîtra bientôt le fçavant artifice,
Qui doit du Cerf rufé combattre la malice.
Mais cet Art qui demande un courage empreffé,
N'admet point un Veneur que les ans ont glacé.
C'eft dans l'âge boüillant de la jeuneffe active
Qu'étincelle le feu d'une reffource vive,
Et que de plus d'efprits les membres animés
Sont au plus longs travaux fans peine accoûtumés.

Fuyez, Noble indigent, & vous, peuple profane,
Gardez-vous de prétendre aux faveurs de Diane.
Princes, Grands, c'eft à vous que fes dons font offerts ;
Elle puife à fon gré dans vos tréfors ouverts ;
Et ce n'eft qu'à regret que dans votre entreprife,
Veneurs à petit bruit, elle vous favorife,

Quand forcés malgré vous de négliger ſes loix,

Sans pompe & ſans éclat vous traînez dans les bois

Des Chiens mal AMEUTE'S (*a*) qu'avec peine on raſ-
ſemble

Sous des Cors diſſonans, peu concertés enſemble.

Mais puiſque la Déeſſe a toleré vos droits,

Profitez des decrets que me dicte ſa voix.

Au pied de ſes Autels, par ſon nom redoutable

Faites tous un ferment ſincere, inviolable,

De ne jamais aux Cerfs attacher vos efforts,

Que lorſqu'après ſix ans ils ſont Cerfs de DIX-
CORS (*b*).

Jurez de ne point ſuivre une Biche timide;

(*a*) Chiens qui vont mal enſemble : par ce détail Savary ne veut parler que de quelques Veneurs qui ſans avoir d'équipage dans les formes, réuniſſent quelques chiens enſemble.

(*b*) La regle eſt de n'attaquer que les Cerfs de dix-cors ; mais la néceſſité & les occurrences font déroger à cette loi.

Si quelque folle erreur sur ses traces vous guide,

Réparez votre faute & ROMPEZ à l'inſtant;

Pour ses jours la Déeſſe eut un amour conſtant:

Elle les honora d'un ſacré privilege.

Mais pour vous garantir d'un honteux ſacrilege,

Apprenez à porter des jugemens divers

Sur le ſexe & les ans des Biches & des Cerfs.

Des indices certains en ſont le témoignage,

Le BOIS, le PIED, les OS (*a*), l'ALLURE, le CORSAGE,

La REPOSE'E où LIT, le RAIRE (*b*), le FRAYOIR (*c*)

Sont des ſignes dont l'Art a ſçû ſe prévaloir :

Tout parle dans le Cerf, ABBATURES (*d*), FUME'ES (*e*),

Juſqu'aux herbes enfin ſous ſes pas comprimées (*f*).

(*a*) Les ergots s'appellent les os.
(*b*) Le cry du Cerf.
(*c*) Leur froiſſement contre les arbres pour ôter la peau de leur bois.
(*d*) Traces du corps dans les taillis.
(*e*) Fiantes du Cerf ou de la Biche.
(*f*) L'impreſſion du pied ſur le gazon ſe nomme *les foulées*.

Le mâle seul d'un Bois se pare tous les ans ;

Le panache pompeux de ses dards menaçans

Ne couronna jamais le front d'une femelle.

Sur le MŒNALE envain la Fable nous rapelle

La BICHE à cornes d'or (*a*), ce monstre au pié d'airain

Qu'HERCULE dans la course arrêta de la main.

Le FAON ne produit rien de sa tête legere,

Qu'après que douze mois il a succé sa mere :

Deux BOSSES seulement se forment sur son front,

Où les DAGUES (*b*) perçant l'os de ce double mont,

S'élevent d'une palme en pointe terminée,

Et commencent le cours de sa seconde année.

Tel paroît le DAGUET pendant un an entier ;

(*a*) On met entre les travaux d'Hercule la prise qu'il fit à la course d'une Biche qui selon la Fable avoit les pieds d'airain & les cornes d'or, & qui se retiroit sur le Mont Mœnale en Arcadie : Hercule l'arrêta dans la Riviere de Ladon, & l'apporta sur ses épaules à Micenes.

(*b*) Les Dagues sont de simples dards que porte le Cerf pendant le cours de sa seconde année, & qui font sa premiere tête. Elles sont longues de 6. à 7. pouces.

Chant Premier.

Mais du fort paternel devenu l'héritier,

Jeune Cerf il met bas, & foudain la nature

Repouffe de fon front la feconde parure ;

L'appareil en fera plus pompeux & plus beau (*a*).

Après l'an révolu fuit un débris nouveau,

D'où le Mairain commence en décorant fon faîte,

La quatriéme année & la troifiéme tête (*b*).

Le cinquiéme Printems ufant des mêmes droits,

Subftituë au vieux tronc le quatriéme Bois (*c*) ;

Tels font les jeunes Cerfs (*d*). Mais lorfque réparée,

Dans le fixiéme Eté la tête plus parée,

(*a*) Cerf à fa feconde tête qu'il pouffe en commençant fa troifiéme année, que Salnove & Savary appellent Porte-six, parce que chaque Perche porte deux petits Andouillers outre les deux bouts de la Perche qu'on doit compter. *Sal. pag.* 70.

(*b*) Cerf à fa troifiéme tête qu'il pouffe en commençant fa quatriéme année.

(*c*) Cerf à fa quatriéme tête qu'il pouffe en commençant fa cinquiéme année.

(*d*) Les Cerfs à la feconde, troifiéme, & quatriéme tête communément fe nomment *Jeunes Cerfs*, & peuvent pouffer 8, 10, & jufques à 12 Andouillers, fuivant les payis & la bonne ou mauvaife nourriture.

Etale la hauteur du cinquiéme ornement,

Par les François nommé de Dix-cors Jeunement (*a*)

Le Cerf entre en fa force, & fa prompte croiffance

Détermine la fin de fon adolefcence ;

Son Corsage groffit, fes membres font nerveux :

Il pouffera des Cors plus hauts & plus nombreux.

Quand du feptiéme Eté le renaiffant ouvrage

A de fon Bois tombé réparé le dommage,

La Teste eft à fon terme, & fes fuperbes dards

Seront fur le Mairain (3) abondamment épars (*b*).

On en voit deux fois huit, ou trois fois fix paroître,

Jufqu'à quatre fois fix la nature en fit naître (*c*) :

Les Perches (3) élevant leurs bizarres rameaux,

Les offriront peut-être en nombres inégaux ;

(*a*) Cerf qui pouffe fa cinquiéme tête en commençant fa fixié-me année.
(*b*) Le Cerf qui a paffé fix ans eft un vrai Cerf de Dix-cors.
(*c*) On doit compter les Andouillers les plus courts, pourvû que l'ouverture de la trompe y puiffe entrer.

Si l'une en porte fix, l'autre quatre en étale,

Que le nombre plus fort, fur le moindre prévale ;

La Déeffe a permis qu'également nommés

Ils foient Cerfs de DIX-CORS, mais Dix-cors MAL SEME'S.

C'eft toûjours de la forte ou foible nouriture,

Que dépend de leur Bois l'inconftante parure.

Mais quels que puiffent être & leur tête & leur corps,

Ils feront conftamment nommés Cerfs de DIX-CORS,

Jufqu'à ce que les ans dont le poids les oppreffe,

Imprimant fur leur chef des fignes de vieilleffe,

Enfin de GRANDS-VIEUX Cerfs leur acquierent les droits.

Mufe, révéle-moi l'indice de leur Bois.

SUR le front eft affife une double racine,

Large, épaisse, & du TEST tirant son origine,

Qui fur un crane dur étenduë à fon choix,

Reçût le nom de MEULE (1) en langage François:

Plus elle y paroît proche, adhérente & liée,

Plus dans un long contour la FRAIZE (2) déployée,

De fes cailloux aigus, inégaux & nombreux,

A l'œil préfentera le cercle raboteux;

Plus avant vous verrez s'enfoncer la PIERRURE, (2)

Plus vous devez des ans tirer la conjecture.

Du fommet où la PERCHE (3) étale fes rameaux,

Defcendent deux Rayons, GOUTIERES (4) ou Canaux,

Dont la concavité du tems feul eft l'ouvrage,

Et des jours écoulés l'indubitable gage.

Le fable graveleux par grumeaux raffemblé,

Qui femble y retracer un long colier PERLE',

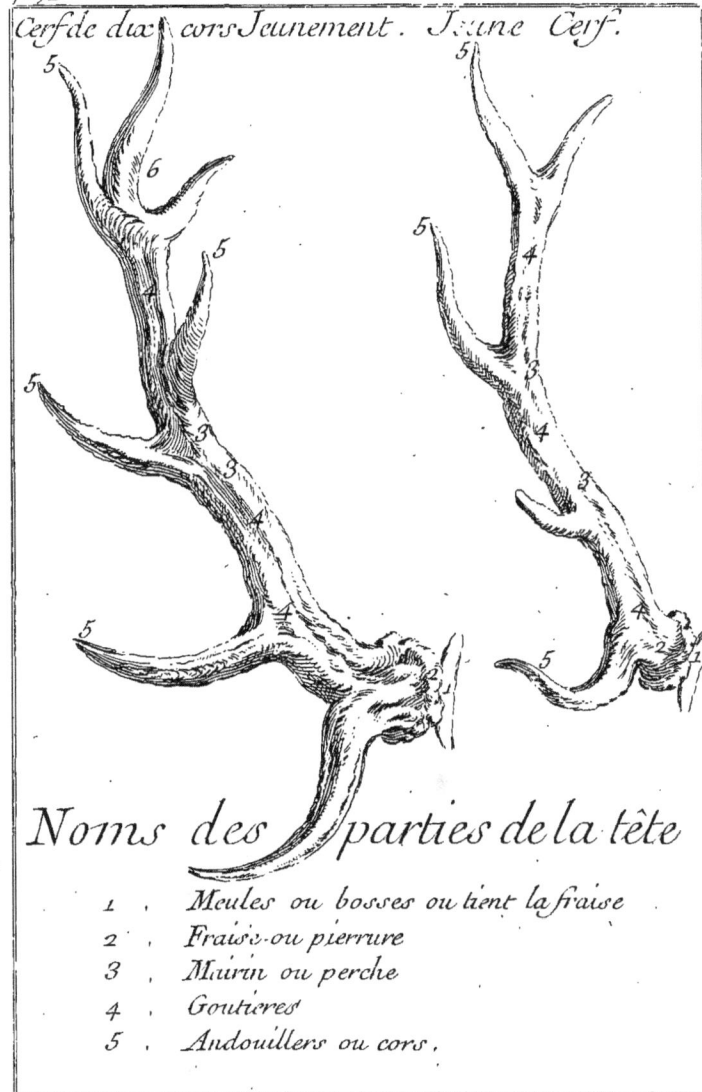

Noms des parties de la tête

1. Meules ou bosses ou tient la fraise
2. Fraise ou pierrure
3. Murin ou perche
4. Goutieres
5. Andouillers ou cors.

Noms des parties de la tête

1. Meules ou bosses ou tient la fraise.
2. Fraise ou pierrure
3. Mairin ou perche
4. Goutieres
5. Andouillers ou cors
6. Empaumure imitant la paulme de la main

Oudry invenit. Le Bas Sculp.

La groffeur du Mairain (3), l'âpreté, la rudeffe,

La force, & la largeur affirment la vieilleffe.

Mais l'âge du vieux Cerf attefté par fon Bois,

N'éclate jamais mieux, que lorfqu'en plufieurs Doits

Dans fon extremité la Perche (3) fe divife,

Et par un ornement qui la caractérife,

Semble prefque imiter la paulme de la main : (6)

Veneurs, ne doutez plus d'un âge trop certain.

Le Cerf a trop vêcu dès qu'il a l'Empaumure (*a*),

Sous le poids accablant d'une foible nature

Ses impuiffans efforts ont déjà fuccombé,

Son Andoüiller (5) n'eft plus que tors & recourbé,

Le Printems n'en fçauroit redreffer la parure,

Et fes jours déclinans vont combler leur mefure.

(*a*) L'Empaumure doit être un peu creufe & renverfée, portant 5 ou 6 pointes : on l'appelle auffi Porte-chandelier, mais ce n'eft pas un vrai terme de Chaffe.

C'est assés de la tête étaler les secrets,

MUSE, expose à mes yeux de plus utiles traits,

Révéle-moi du pied toutes les Connoissances (*a*);

De la Biche & du Cerf fixe les différences;

Enseigne à discerner les vestiges divers

De tous les jeunes Cerfs, de Dix-cors, & vieux Cerfs.

Tu les veux non-courans, en paix, sans véhémence,

Quand ils sortent du Fort au pas & d'Assurance (*b*),

Pour chercher au Gaignage (*c*) un pâturage frais,

Qu'ils laissent quand le jour les rappelle aux forêts.

C'est l'instant où le pied fera foi de leur âge;

Il n'est point de leurs ans de plus sûr témoignage.

La Solle (4) n'offre point des indices douteux (*d*);

(*a*) Indices de l'âge du Cerf par le pied.
(*b*) Avec fermeté & sans crainte.
(*c*) Champs où les Cerfs vont pâturer la nuit, ce qu'on appelle viander.
(*d*) La connoissance par le pied est certaine; cependant pour ne pas s'y méprendre, il faut faire de grandes attentions sur la qualité du terrain qui plus ou moins gras, marécageux, doux, pier-

Jeune Cerf.   Biche.

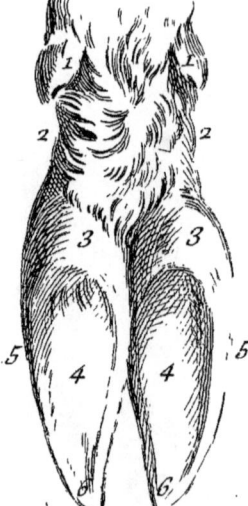
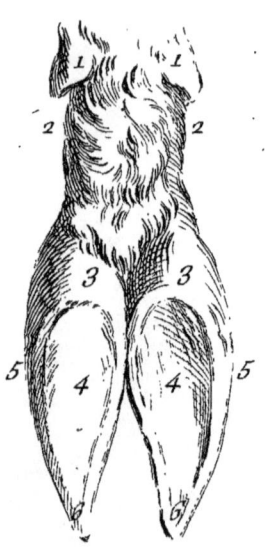

Noms des Parties du pied

1. Les Os qui sont les ergots
2. La jambe
3. Le talon
4. La Solle
5. Les costés ou tranchans.
6. Les pinces ou ongles.

Oudry inv^t   *Le Bas Sculp.*

On verra si le pied est plein, ou s'il est creux,

Sa longueur, son TALON, (3) si la PINCE (6) traçante,

Laisse une impression émoussée ou COUPANTE,

S'il est en pointe, ou rond, ouvert, ou resserré,

Et quel en est enfin le différent degré.

LA BICHE par la tête au mâle dissemblable,

Par sa VOYE est encore distincte & remarquable.

Si le poids d'un dépôt dans son sein renfermé,

Fait douter de son pied (*a*) largement imprimé,

Il est de cette erreur aisé de se défendre,

A son mauvais TALON (3) on ne peut se méprendre.

Le Cerf n'a pas changé de tête deux Printems,

---

reux, ou montagneux, rendra differentes les connoissances suivant les pays.

(*a*) La vieille Biche brehayne, ainsi que la Biche pleine, pese beaucoup, & laisse un pied plus large qui peut induire en erreur.

Qu'il n'ait plus de Talon qu'une Biche en tout tems.

Elle ouvre un pied plus long, plus Coupant, & plus Gresle,

Marche souvent en Harde (*a*) : elle ne se Recelle,

Que pour trouver des fonds, où plus commodément

Elle aille de son terme attendre le moment.

Mais si son pied moins sûr, ou si son Talon même

Ne pouvoit de son sexe expliquer le problême,

Son Allure inconstante a droit d'en décider;

Est-il un ordre égal qu'elle puisse garder?

Elle ne peut long-tems suivre une droite ligne,

Fauxmarche (*b*), & de ses pas laisse l'oblique signe.

Par les traits apparens d'indices non douteux,

Non moins les pieds des Cerfs se distinguent entr'eux.

(*a*) En troupe.
(*b*) Elle se méjuge ou fauxmarche dans le cours de 12 à 15 pas.

Le jeune ouvre ſa PINCE aiguiſée & nouvelle,

Plus que les Cerfs âgés, mais moins que la femelle ;

Ses CÔTE's dans la terre entrent profondément,

Et de TRANCHANS plus vifs laiſſent le monument.

Des Os (1) juſqu'au TALON (3) quatre doits de diſtance

Offrent de ſa jeuneſſe une pleine évidence ;

(Ainſi parle DIANE) il eſt plus HAUT-JOINTE'.

Dans ſon Allure encore un ordre eſt affecté :

Plus il eſt jeune Cerf, plus ſon pied de derriere

Va du pied de devant couvrir la place entiere ;

A meſure qu'il croît, ſes premiers pas tracés,

Par les poſtérieurs ne ſont plus effacés.

LE DIX-CORS JEUNEMENT à ſon tour fait paroître

L'indice d'une VOYE aiſée à reconnoître.

Son pied devient plus rond, & plus large, & plus plein,
Et de traits moins Coupans imprime le terrein.
Ses Os (1) font émouſſés : ſes Pinces (6) plus uſées
Sont par un moindre eſpace entr'elles diviſées.
Son Talon (3) arondi, chargé d'un plus grand poids,
N'expoſe juſqu'aux Os (1) qu'un vuide de deux doits :
Ses pieds poſtérieurs forcés de ſe reſtraindre,
Juſqu'aux pieds de Devant peuvent à peine atteindre.

Du vrai Cerf de Dix-cors le Talon (3) eſt plus gros.
Sous une Jambe (2) large & juſques à ſes Os (1),
Il ne preſente plus qu'un pouce d'intervalle;
Jamais ſon ſecond pied (*a*) n'entame & ne ravalle
La trace du premier (*b*), dont conſervant les traits

(*a*) Pied de derriere.
(*b*) Pied de devant.

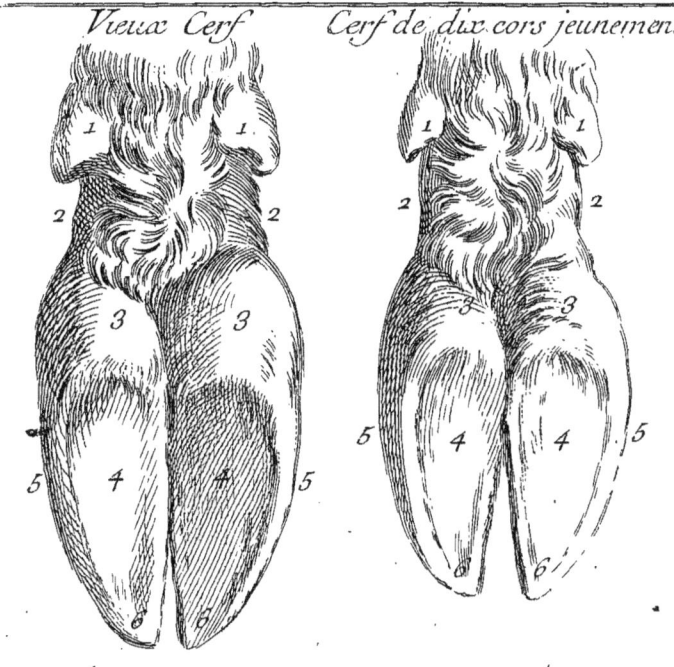

Noms des parties du pied

1. Les Os qui sont les ergots
2. La jambe
3. Le talon
4. La Solle
5. Les coste ou tranchans
6. Les pinces ou ongles

Oudry invenit.   Le Bas Sculp

Il ne peut approcher que d'un doit au plus près.

A l'œil de plus en plus la diftance en augmente;

C'eft toûjours d'un grand âge une preuve conftante,

Lorfque du premier pied le veftige affûré,

De trois doits du dernier fe montre féparé.

Dès que le Cerf atteint une extrême vieilleffe,

Ses Pinces (6) n'ouvrent plus, & fon Boulet s'abaiffe:

A fes Os defcendus le Talon adhérent

Laiffe à peine entrevoir un efpace apparent.

DIANE,
OU
LES LOIX DE LA CHASSE
DU CERF.
POEME.

CHANT SECOND.

UAND les feux du Soleil ont desseché la terre,
Ou quand des Aquilons le souffle la resserre,
Les Vestiges du Cerf cessent d'être apparens :
On ne peut plus au FORT lire en ses pas errans.

Mais il eſt des ſaiſons où parlent ſes Fumé'es (*a*) :

Les herbes dans l'Hyver ſans ſeve ou conſumées,

Ne peuvent plus des Cerfs ſoutenir la vigueur.

Ce qu'ils jettent alors, témoin de leur langueur,

Aride, dur, & ſec, eſt l'image naïve

Des grains que laiſſe choir une Chevre laſcive ;

Mais dès que du Printems la féconde chaleur,

De la plante aſſoupie a ranimé l'humeur,

Un changement ſuccede en ce moment critique

Où renaît de leur bois l'œuvre periodique ;

Les ſucs plus nouriſſans enfantent des Bouzarts (1)

Abondans, plats & ronds, & mollement épars.

Quand l'Eté dans leur force a confirmé les plantes,

On verra s'élever des formes différentes.

Le Plateau (2) moins liquide & prêt à ſe ſecher

(*a*) Les Fiantes du Cerf ſont de ſûres connoiſſances dans certains tems ; mais elles ne valent rien dans l'Hyver.

Les fiantes des Cerfs se nomment fumées

Fumées des Cerfs

1. En Bouzarts
2. En plateau
3. En torches
4. Martelées
5. Aiguillonnées

Annonce que bientôt il va se détacher.

Les chaleurs du Lion (a) préfentent les Fumées

Prefqu'en pommes de Pin (3), ou Torches transfor‑
mées,

Dont chaque part au tout femble ne tenir plus.

Quand la Vierge (b) en fon fein reçoit l'ardent
Phoebus,

Elles tombent en Noeuds (c) dont toute la ftructure

Reprefente d'un Gland la parfaite figure (4).

Les bouts en font armés d'un Aiguillon (5) nou‑
veau (d),

Ou femblent applatis fous des coups de Marteau (e).

A ces regles on peut fixer fa connoiffance

(a) Juillet.
(b) Août.
(c) Noüées ou formées.
(d) Aiguillonnées par un bout.
(e) Martelées par les bouts.

Jusqu'à ce que du Rut le tems fougueux commence (*a*).

Mais c'est peu d'établir ces principes divers,
S'ils ne font discerner les Biches & les Cerfs.
Dans le cours de l'Eté la Biche respectable
A des signes certains sera reconnoissable.
Son Aiguillon plus fin, ses Glands plus déliés,
Déforme's, moins égaux, & plus multipliés,
Souvent d'un sang glaireux laissant une teinture,
Donneront de son sexe un évident augure.

Il n'importe pas moins de fixer les rapports
Entre le Jeune-Cerf & les Cerfs de Dix-cors.
Le Jeune en quelque tems qu'il rende ses Fumees,

―――――
(*a*) Les Fumées ne sont point certaines pendant le Rut.

Soit en Bouzarts, Plateaux, ou Torches, ou
    Forme'es,
Jette une masse unie, où l'aliment plus cru,
Paroît, quand on le rompt, mal-broye', mal-
    moulu;
Mais celle du vieux Cerf & Plombante, & Dore'e,
Huileuse sous le doit semble plus digerée;
Des rides dont les traits sont creusés par le tems,
Profondes plus ou moins, désignent ses vieux ans.

Les Cerfs peuvent encore se distinguer au Raire (a),
Dans les tems où leurs feux doivent se satisfaire;
Le Jeune rend des cris plus aigus & plus clairs,
La voix rauque du Vieux semble ébranler les airs;
Le Veneur attentif peut dans leurs Abbatures (b)

(a) Cry du Cerf.
(b) Abbatures ou traces du corps dans les taillis.

Saisir de leur hauteur des Connoissances fûres ;

Lorsqu'allant en pâture ils laissent pour signaux,

Les traces que leur ventre imprime aux arbrisseaux ;

On juge de leur Perche aux diverses Porte'es (*a*)

Par les rameaux froissés recemment attestées.

Le Frayoir est plus sûr (si l'œil ne trompe pas)

Quand les Cerfs au Printems, après avoir Mis Bas,

Plus forts & mieux nourris sont Revenus de Teste,

Lorsque leur Bois-Refait à son terme s'arrête,

Pour détacher la peau dont il est incrusté,

Contre un rameau qui cede avec docilité,

Ils chatoüillent leurs dards ; mais sitôt qu'endurcies,

De frissons plus cuisans leurs Testes sont transies,

Contre les baliveaux à la hache échappés.

Ils frottent vivement leurs Cors enveloppés ;

(*a*) Les Portées sont les traces que la tête laisse dans le bois.

Sur les branches bientôt de leur sang empourprées,
Ils laissent les lambeaux de leurs peaux déchirées;
Et Brunissant leur bois par de durs froissemens,
De leur Fourche ou Paulmure offrent les monumens.
On y doit découvrir leur force, & leurs années;
Les têtes des Vieux-Cerfs de longs dards Cou-
    ronne'es,
Font une large playe à des arbres plus gros:
Les Jeunes blessent moins les plians baliveaux.
Tels sont les dogmes sûrs pour connoître la proye;
Sage qui s'en instruit, heureux qui les employe.

Muse, revele encor des secrets importans,
Apprens-moy de la Chasse & les lieux & les tems;
Mais que dis-je les lieux? Eh quel mortel hésite
A croire que le Cerf dans les forêts habite?

Jamais le choix du tems ne se fait sans raisons.

Quoiqu'on puisse chasser dans toutes les saisons,

Quoique des bois jamais DIANE ne s'absente,

Elle ne prescrit pas une forme constante ;

D'autres tems, d'autres soins, & différentes loix

Enseignent l'art sçavant d'aller en QUETTE au bois.

Ne bornez pas le prix d'une haute science

A suivre un Cerf fuyant, à courre avec constance.

Sur l'indice que donne un LIMIER raffiné,

Parcourir d'un Canton le cercle designé ;

Des animaux divers saisir l'espece & l'âge ;

Choisir un Cerf, le suivre errant dans le GAGNA-
GE (*a*),

Jusqu'à ce qu'on le trouve au BUISSON (*b*) REM-
BUCHE' (*c*),

(*a*) Dans les champs où le Cerf va pâturer, ce qu'on appelle viander.
(*b*) Bois d'une petite étenduë.
(*c*) Rentré dans le bois.

Et qu'en sa REPOSE'E on le juge couché ;
Sçavoir le DETOURNER (*a*) sans reveiller sa crainte ;
Par des signes certains retracer son ENCEINTE,
C'est là l'œuvre important, c'est le docte travail
Dont on ne doit jamais ignorer le détail.
S'il semble trop abject ou peu digne d'un maître,
Il est honteux pour lui de ne le pas connoître :
Si la simple pratique abuse le Veneur,
C'est à la théorie à réparer l'erreur.

DANS la dure saison de l'affreuse froidure,
Où les frimats cuisans font gémir la nature,
Les Cerfs courent chercher au centre des forêts,
Contre les vents aigus des azyles secrets.
Ils s'y tiennent en cercle, & formant une chaîne
Se prêtent la chaleur qu'excite leur haleine.

(*a*) Reconnoître par une enceinte qu'il y est renfermé.

Non loin eſt le Geneſt dont la ſombre verdeur
Conſerve dans ſa cime un reſte de ſaveur.
Heureux ſi dans l'excès de leur faim empreſſée,
Ils trouvent le creſſon dans la ſource glacée ;
Mais la neige en tombant leur ôte ce ſecours ;
La bruyere élevée eſt leur foible recours ;
Ou d'un arbre pelé les arides écorces
Sont l'unique ſoûtien de leurs mourantes forces :
C'eſt là qu'ils ſont cachés, & qu'il les faut chercher.

MAIS ſitôt que l'Hyver, prêt à ſe relâcher,
A fait place au Printems, & que plus récréée
Par la tiédeur de l'air, la terre eſt temperée,
Le Cerf prend ſon BUISSON dans les jeunes TAILLIS,
Placés dans la forêt au bord des GRANDS-PAYS.(*a*),
D'où, loin des autres Cerfs une route facile

(*a*) Grande étenduë de bois.

Lui prépare aux bleds verds sa pâture tranquile.

Là bientôt de sa Teste il met bas le fardeau;

Soit que du long Hyver le rigoureux fleau,

Ou l'extrême disette à ses besoins contraire

Refusant trop long-tems l'aliment nécessaire,

Desseche sa racine, ou que des Vermisseaux

Nés entre cuir & chair la rongent jusqu'à l'Os (a);

Soit qu'elle cede enfin à la tige naissante:

Telle on voit au Printems la seve d'une plante,

Atteignant par degrés la cime du rameau,

Forcer le vieux feüillage à ceder au nouveau.

Des que de son Buisson il a choisi l'Assiete,

Il ne le quitte plus, si rien ne l'inquiête;

(a) La plus commune opinion sur la chûte annuelle du bois des Cerfs, est que la mauvaise nourriture de l'Hyver leur fait naître une prodigieuse quantité de Vers, qui en rongeant la racine, font tomber leur bois.

Et fi les animaux, les Chiens, ou le Veneur,

Ne vont pas fur fes fens répandre la terreur;

Il attendra le tems qu'à fa jufte croiffance

Sa Teste foit montée; ou que l'impatience

Le preffe d'affouvir les feux de fon amour.

C'eft là que le Limier doit battre un long Contour.

Les confins des forêts (enfin je le repête)

Des Cerfs pendant fix mois font l'unique retraite.

Mais fitôt que le Rut a verfé fon poifon,

Le Cerf n'a plus d'Arrest : l'amoureufe faifon

L'arrache du repos, nuit & jour le tourmente;

Sa Pature, & fon lit, n'ont plus de loy conftante;

L'amour remplit fa faim; il erre en forcené

Où l'entraînent les feux de fon cœur effrené.

Pour le trouver alors que de pas inutiles!

Les Biches contre lui cherchent de vains aziles (*a*),

Il ne les quittera qu'en l'efpace brûlant

Où Phœbus (*b*) dans fon char de feux étincelant,

Du plus haut de fon Axe embrafera le monde ;

Il cherchera du Fort (*c*) la retraite profonde.

Pour moderer l'éxcès de fa brûlante ardeur,

Et fe mettre à couvert de l'extrême chaleur.

Heüreufe mille fois, Veneur, ta deftinée,

Si l'ayant pourfuivi toute la matinée,

Après mille détours & le plus long ennuy;

Aidé de ton Limier tu peux Tomber fur luy,

Le Rembucher en paix (*d*), & faire ton Enceinte,

Lorfque dans le fommeil fa fureur eft éteinte.

(*a*) Les Biches entrent plus tard dans le Rut que les Cerfs.
(*b*) Depuis neuf heures du matin jufqu'à trois heures après-midi.
(*c*) L'endroit le plus épais du bois.
(*d*) Le voir rentré dans le bois.

Pardonne-moi, Diane, & ne t'offenſe pas
Si pour chanter des Cerfs les amoureux combats,
Par des recits naïfs, peut-être trop ſinceres,
J'oſe de la Nature expoſer les myſteres,
Les cauſes, les progrès, la durée, & le tems
Des feux, qui dans les Cerfs s'allument tous les ans.

Ceres à pleines mains répandant ſes largeſſes,
A peine en ſes greniers a ſerré ſes richeſſes,
En meſure les jours n'égalent point les nuits,
Un or liquide encor ne couvre point les fruits (*a*),
Lorſque raſſaſiés d'une longue abondance,
Les Cerfs dont les Dix-Cors ont atteint la croiſſance,
A l'aſpect des objets qui dominent leurs ſens,
Reſſentent de l'amour les aiguillons preſſans.

(*a*) A la fin du mois de Septembre.

Dans les plus JEUNES-CERFS la flame eft plus tardive;
Mais il n'importe pas qu'ici je la décrive.

TEL qu'aux bords des forêts un refte de feu lent
Qu'a négligé d'éteindre un Berger imprudent,
Sous la cendre couvert, de racine en racine
Serpente fur la terre & toûjours s'achemine,
De la branche caduque arrive aux arbriffeaux,
Et fait de toutes parts luire mille flambeaux;
Telle du Cerf en RUT la flame impérieufe
S'éleve par degrés & devient furieufe.
Sa MUSE (*a*) ou fon PRELUDE aumoins dure fix jours;
On diroit que le Cerf médite fes amours.
Il s'agite, s'émeut, il va, revient fans ceffe;
Ses regards prefqu'éteints annoncent fon yvreffe;

(*a*) Commencement du Rut du Cerf.

En plein jour sans allarme il erre dans les champs ;
Traverse les chemins, attaque les passans ;
Il fit plus d'une fois au voyageur paisible
Ressentir de ses coups la pésanteur terrible ;
Le respect qu'aux humains porte tout animal,
Tout à coup se transforme en desespoir brutal :
La peur six mois entiers le rendit solitaire ;
Mais brûlant du desir d'un amoureux salaire,
Près des Biches en HARDE (*a*) il va caracoler,
BAT toute la forêt, les force à s'assembler,
Les chasse devant lui : si quelqu'une severe
Se montre par la fuite à ses desseins contraire,
Il la punit, la fuit, & la fait préceder
La troupe dont envain elle veut s'évader.
C'est ainsi qu'un Berger allant au pâturage,

(*a*) En troupe.

Corrige les écarts de la Brebis volage,
Par un Chien qui ne laisse aucun crime impuni,
Et contraint le troupeau de marcher réüni.
S'il est dans la forêt un intervalle vuide,
Les Biches vont s'y rendre, ou le Cerf les y guide;
Et les rangeant en cercle, en ce nouveau Serail,
De leurs charmes divers contemple le détail.
C'est là que de pied ferme & d'une tête altiere,
Il attend qu'un rival entre dans la carriere.

Lorsque pour disputer dans de superbes jeux,
Un hymen reservé pour le plus valeureux,
Les Rois dans un tournoy réünissent ensemble
Les plus fiers combattans que l'Europe rassemble,
Le Vainqueur contre tous s'avance tour-à-tour,
Pour remporter le prix que présente l'amour.

Le spectacle éclatant d'une Cour respectable

De toutes parts attire une foule innombrable,

Et le peuple & les Grands dans leur ordre placés,

Forment diversement des vœux interessés.

Tel le Cerf animé d'une amoureuse gloire,

Pour rendre ses pareils témoins de sa victoire,

Par des efforts flateurs semble les appeller

Vers l'arène où ses coups doivent se signaler.

Le Faon (*a*) timide y court sur les pas de sa mere,

Le Daguet (*b*) que deux dards arment à la legere,

Le Cerf qui porte-six, & le Cerf de Refus (*c*),

Qui du joug maternel n'est pas encore exclus;

Les Jeunes-Cerfs enfin attirés par la fête,

Viennent tous du Vainqueur admirer la conquête (*d*).

(*a*) D'un an.
(*b*) De deux ans.
(*c*) Cerf de trois ans.
(*d*) C'est dans le Traité de Charles IX. que Savary a pris l'idée d'un Tournoy : les combats des Cerfs y sont très-bien expliqués.

CHANT SECOND.

Sitôt que le Soleil fur fon axe penchant,
Vers le fein de Thetis avance fon couchant,
Il s'entame un combat qu'une valeur extrême
Soûtient jufqu'au matin près de l'heure neuviéme.
Un champ fpatieux, libre, applani, découvert,
Ainfi qu'aux fpectateurs à l'athlete eft offert.
Là fe rendent en foule avec des fronts féveres,
Et tous les Grands-vieux Cerfs, ces majeftueux
  peres,
Qui de leur fiecle entier ont achevé le cours (*a*),
Et les Cerfs de Dix-cors dont l'amoureux concours
A déjà fignalé la force & le courage,
Et ceux qui Jeunement ont Dix-cors en partage,
Qui n'ont point combattu, mais de gloire affamés,

(*a*) Phœbus Comte de Foix prétend que les Cerfs vivent 300. ans; qu'ils ont le fecret de ranimer & de renouveller leur fang par le moyen des Viperes qu'ils irritent & mettent en fureur, pour les avaler enfuite; ce qui les rajeunit & leur prolonge la vie.

Brûlent d'offrir les feux dont ils sont consumés :
Tels sont les combattans dont la haute espérance,
Doit animer l'ardeur & regler la vaillance.

Des spectateurs à peine un long cercle est formé,
Que le plus fort guerrier, ou le plus enflammé,
Entre en lice, & reçoit le rival dont l'audace
A son défi brutal osera faire face.
Leurs efforts ne sont pas plus long-tems suspendus ;
Mille coups sont portés, mille coups sont rendus ;
Les Cors sont accrochés, la force les dégage,
Un choc nouveau les brise, & souvent les partage ;
On attaque l'épaule, on recherche le flanc,
Il en sort à grands flots mille ruisseaux de sang ;
Jusqu'à ce que l'un d'eux à force d'en répandre,
Tombe, ou cache en fuyant la honte de se rendre.

Un autre lui succede avec un sort égal,
Ou lui-même à son tour renverse son rival.

Qui n'a pas sçû des Cerfs les batailles sanglantes ?
Les duëls furieux & les morts violentes,
Quand par un rude effort leurs Bois entrelassés,
Ne peuvent l'un de l'autre être débarassés,
Et qu'affamés, couverts de plus d'une blessure,
Ils deviennent des Loups la funeste pâture ?
Quel voisin des forêts n'a cent fois entendu
Le dur choc de leur Bois dans les airs répandu ?
Telles de deux guerriers les lances fracassées
Volent en mille éclats dans les airs disperfées.
Le Cerf enfin du champ seul maître & possesseur,
Faute de Combattans est déclaré vainqueur.

Quoiqu'avant le combat un amoureux préfage,
D'un grand nombre de Cerfs enflamât le courage,
L'exemple des fuyards, des bleffés & des morts,
D'une gloire trop chere, étouffe les tranfports.
Au malheur des vaincus leur fort prefque femblable,
N'offre pas à leurs feux d'efpoir plus favorable ;
De tous également le cœur eft abbattu,
D'avoir fui le combat, ou d'avoir combattu.
Dans un dur célibat tous pafferont l'année,
Ou chercheront plus loin une autre deftinée.
Le péril feroit grand de s'expofer aux yeux
D'un Vainqueur que l'amour a rendu furieux :
Heureux fi quelquefois en fraude de la gloire,
Trompant de leur Argus la jaloufe victoire,
Saifis du jufte effroy qu'infpire fon retour,
Ils peuvent dérober le prix de leur amour.

Cependant le Vainqueur dans de paisibles fêtes,

S'applaudit au milieu de toutes ses conquêtes,

Jusqu'à ce que du froid les cuisantes rigueurs

Eteignent dans son sein de trop vives ardeurs,

Et pour long-tems le force à chercher dans les ombres,

Les aziles secrets des forêts les plus sombres.

DIANE,
OU
LES LOIX DE LA CHASSE
DU CERF.
POEME.

CHANT TROISIEME.

Use, fi fur les Cerfs, fur les tems, fur les lieux,
Tu viens de prononcer des decrets curieux ;
Apprends-moi de quels Chiens la MEUTE eſt compoſée;
Et quelle loi doit être au Veneur impoſée.

La Chasse doit son être aux ruses du Limier (a).
C'est un choix important, des soins c'est le premier :
Qu'il soit bas, court-jointe', renforce' dans
l'échine,
A gros-poil, hérissé jusque dans la racine,
Brun, vif, non elave'; que le feu de ses yeux
Lui donne un regard fier, un front audacieux :
Ne lui demandez point de grace, ou de vîtesse ;
Sa voix a peu d'usage, & la seule justesse
De tous ses mouvemens relevera le prix.
Pour pressentir l'attrait dont il doit être épris,
Que témoin & convive il soit mis en Cure'e (b);
La vapeur de la proye à l'envi dévorée,
Lui donnera du Cerf le goût plus affermi ;
On ne sçauroit trop tôt connoître l'ennemi.

(a) Chien de trait pour détourner.
(b) Pour le dresser.

Avant que le Soleil des monts dore la cime

Menez-le au bois, chargé du trait qui le reprime,

Impofez-lui filence & le rendez SECRET.

S'il EMPAUME une VOYE, & TIRE SUR LE TRAIT,

LAISSEZ-le ALLER-AVANT ; fi fa langue CAQUETTE,

Châtiez-le, ROMPEZ une voix indifcrete ;

Mais faites-lui fentir que par cette rigueur,

On punit fon BABIL, & non pas une erreur.

Si fon nés détracté fe dérange ou VOLTIGE,

Avec un vieux LIMIER qu'un nés plus fûr dirige,

Effayez de le joindre & de l'affocier ;

C'eft par lui qu'au myftére il doit s'initier.

Par l'exemple quel art ne s'eft point fait connoître ?

Il peut d'un apprentif aifément faire un maître.

Vous le verrez bientôt ardent à l'imiter,

Se COLER SUR LA VOYE, & ne la point quitter ;

Ne vouloir que de Fauve, en prendre les refuites,
Se taire de lui-même après de longues suites,
Et par fa longue queuë à grands coups frétillant
Annoncer qu'il rencontre, & fuit le Cerf-allant.
Sur fix Limiers pareils fondez votre Equipage,
Le fort de vos plaifirs dépend de leur ouvrage.
Qu'ils foient conduits en main chacun par un Quefteur (*a*),
Des Indices du Cerf fidéle obfervateur.

Pour appuyer les Chiens, veiller à leur conduite,
Il ne faudra pas moins de Piqueurs à leur fuite,
Qui fçachent difcerner les pieds des animaux,
Démêler l'embaras, relever les Defauts,
Dans l'allure du Cerf, lente ou précipitée,

(*a*) Valet de Limier.

Reconnoître à son Pied si la MEUTE emportée

A donné dans le CHANGE, ou pris trop de Chaleur,

Et par un HOURVARIS (*a*) en réparer l'erreur.

Que les Piqueurs soient forts, bien montés, pleins d'audace;

Que PERÇANT fiérement par tout où le Cerf passe,

Ils bravent tout obstacle, & les fossés bourbeux,

Et les Rameaux épais, ou GAULIS (*b*) épineux:

Que le FORT (*c*), les rochers, les monts, & les CAVE'ES (*d*),

D'un fleuve ou d'un torrent les ondes soûlevées,

Ne puissent arrêter leurs vigoureux efforts,

Ni de leur Cor bruyant suspendre les accords.

Que s'imprimant des Chiens la vive connoissance,

(*a*) Un retour.
(*b*) Branches d'arbres.
(*c*) Epaisseur du bois.
(*d*) Les Vallées.

Ils diſtinguent le Fourbe, & le Chien de Cre'ance;
N'ignorent aucuns noms, & qu'au cri de leur Voix,
Ils puiſſent ſûrement déterminer leur choix.

La forme, la hauteur, la force, la fineſſe,
La ſûreté du Nés, la Gorge, la Vîteſſe,
Sont tous des attributs qui dans les Chiens Courans
Doivent d'un doux ſuccès être de ſûrs garands.
Qu'ils manquent, s'il le faut, de taille ou de figure,
S'ils ſont des autres dons doüés par la Nature.
Le Muet, le Menteur, l'importun Babillard,
Le Foible, à mauvais Pied, qui ſe jette à l'ecart,
Qui s'échape au Mouton, & court à toute proye,
Sont de faux ouvriers, & qu'en vain l'on employe.
Le bon Chien tient la voye, & jamais détracté,
Ne tombe dans l'erreur, dans l'infidélité.

CHANT TROISIE'ME.

Il rebute l'odeur qui lui paroît étrange ;
Dans les RETOURS mêlés dévelope le CHANGE,
Fait fon RENCEINT (*a*) leger, REQUESTE affidûment,
Et des rufes du Cerf faifit le dénoûment.
Qu'il foit haut, un peu long, d'une forme brillante;
Qu'il ait GRAND SON de VOIX, la MENE'E éclatante (*b*),
BONNE JAMBE, bon Pied; que fa ROBBE en couleur
Au Cigne éblouïffant difpute la blancheur;
Qu'il ait du LEVRIER (fi l'on veut) la Vîteffe,
Pourvû que dans l'excès de l'ardeur qui le preffe,
On l'entende CRIER, & qu'un femblable effort,
Avec fes Compagnons foit d'un parfait accord.
Dans la MEUTE, le pied, la force, la mefure,
Tout doit être pareil fous la même parure.

(*a*) Retour en cercle.
(*b*) Chaffant de bonne grace, & ayant bonne gorge. *Saln.*

Mais le nombe des Chiens eſt-il fixe & certain?
Non : de frivoles loix le borneroient en vain.
Les Princes à leur gré, d'un nombreux Equipage
Soûtiennent à grands frais le pompeux étalage;
Leurs Coureurs & leurs Chiens, rendus ou haraſſés,
Sont par de prompts RELAIS ſans ceſſe remplacés.
Que tout autre Veneur meſure ſa dépenſe
Au degré des ſecours qu'offre ſon opulence;
Mais de ſes revenus quels que ſoient les liens,
Ses plaiſirs ſont peu ſûrs s'il ne nourrit cent Chiens.
Si leur legereté de ſoins eſt ſecondée,
Si la Loi de DIANE en tous points eſt gardée,
Les plus vigoureux Cerfs, dans les tems chauds ou froids,
Tomberont abattus, ou réduits aux ABOIS.
Si l'enceinte d'un mur reſſerre leur demeure,
Ils combattront en vain plus d'une demie-heure.

Elevés dans des Parcs (*a*), aziles de la Paix,

Ils sont chassés sans gloire, ils sont pris sans RELAIS;

Des Passans & des Chiens dédaignant la poursuite,

Ils ont presque oublié le secours de la fuite :

L'effroy ne trouble point l'heure du VIANDIS (*b*),

Sous un ventre boufi leurs nerfs sont engourdis.

Mais il est des Pays, âpres, impraticables,

Où les Cerfs endurcis, vîtes, infatigables,

Pendant un jour entier dans les regles chassés,

Par de fréquens RELAIS sont à peine forcés.

Il n'appartient qu'à vous de leur livrer la guerre,

Mere des Chiens Courans, généreuse ANGLETERRE :

Célébre par le Pied, la Jeunesse, la Foy,

Votre race du Nord de tous Cerfs est l'effroy.

Si de vos Chiens legers l'espéce pétillante

(*a*) Près de Paris.
(*b*) Manger du Cerf.

Ne rend pas dans la courſe une Voix éclatante,

Dès qu'elle ſera jointe au ſang du Chien François,

La Gorge éclatera dans le Batard Anglois.

Mais quels que ſoient des Chiens & l'Ordre & l'O-
￼￼￼￼￼rigine,

Soit que le ſang François, ſoit que l'Anglois domine,

Soit que la race aſſemble un mêlange des deux,

Si ce choix ne produit que des ſuccès heureux.

Chaque année avec ſoin ſoûtenez-en l'eſpece;

Elevez ſous vos yeux une ardente jeuneſſe,

Qui puiſſe dès deux ans eſſayer ſes efforts,

Et remplacer les vieux, les bleſſés & les morts.

Lorsqu'au gré des ſaiſons que le même ordre place,

Seront reglés le jour & le lieu de la chaſſe,

Que le ſoir précedent les plus ſages Questeurs (*a*)
(*a*) Valets de Limier.

CHANT TROISIE'ME.

Du bois déja connu parcourent les longueurs ,
Les traverses , les bords , les sentiers , les limites ;
Que chacun resserré dans des bornes prescrites ,
Tâche d'y découvrir les différens signaux ,
Qu'imprime mollement le pied des animaux.
Sur le choix proposé des différentes bêtes ,
Les QUESTEURS le matin partageront les QUESTES ;
Mais avant que l'AURORE ait éclairé les Cieux ,
Contre les soins qu'entraîne un art laborieux ,
Chacun d'eux s'armera d'un généreux breuvage ;
Leur Chien même , leur Chien pour entamer l'ouvrage
Doit être encore muni d'un modique repas ;
Le froid saisît à jeun , & le nés n'agit pas ;
La subtile rosée excite des Tranchées ,
Et les sensations alors sont retranchées.

De la Botte (*a*) foudain que le Limier armé,
Marche court fous le frein dont il eft réprimé ;
Qu'aux approches du bois, chaque Questeur s'aprête
A s'emparer des lieux défignés à fa Quête ;
Qu'il déploye à moitié la longueur de fon Trait,
Faffe avancer fon Chien, d'un ton bas & fecret,
L'appelle, le ranime, & traçant fon Enceinte,
Obferve tous les Pieds dont la terre eft empreinte.
Si le Limier rencontre, avance, & fe rabat,
Qu'il le tienne plus court ; mais s'il tire & combat,
Tout-à-coup qu'il l'arrête & connoiffe fa proye,
Avant qu'un Pied trop prompt en efface la Voye.
S'il croit revoir d'un Cerf rembuche' dans le bois,
Sur cette Connoissance il fixera fon choix.
Que la haute Brise'e (*b*) à la branche pendante,

(*a*) Colier qu'on met au Limier.
(*b*) La haute Brifée n'eft pas tout-à-fait rompuë, mais pend à la branche.

De la rentrée au Fort soit la marque évidente.

La Basse (*a*) sur la terre ainsi se placera,

Le Bout d'où le Cerf vient, le Gros où le Cerf va.

Mais pour se procurer des preuves confirmées,

De la forme du Pied, du genre des Fume'es,

Le Questeur qui de tout à fond doit être instruit,

Prendra le Contre-pied (*b*) pour revoir de la nuit.

Qu'à ses yeux il n'échape aucune Connoissance ;

Qu'il observe des Pieds la moindre différence,

Si le gauche est plus long ou plus court que le droit,

Si le double Ongle s'ouvre, ou laisse un vuide étroit ;

Du Pied postérieur si la démarche efface

La trace du Devant, l'atteint, ou la surpasse (*c*) ;

(*a*) La basse Brisée se couche à terre.
(*b*) Prendre le Pied du Cerf à reculon.
(*c*) Il y a des Cerfs qu'on nomme Ambleurs, dont le Pied de derriere surpasse la trace du Pied de devant.

Quelle en eſt la diſtance, & pour s'en aſſûrer,

Que ſon pouce à loiſir ſerve à la meſurer.

Du TALON juſqu'à l'OS qu'il prenne l'intervale,

L'âge en rend dans les Cerfs la meſure inégale.

Après cet examen, aſſûré de ſon fort,

Sur les pas du Limier qu'il entre dans le FORT.

Pour préparer du Cerf l'infaillible défaite,

Qu'il y forme en BRISANT ſon ENCEINTE complette ;

S'il le trouve paſſé, changé de LIT, errant,

Il pourra l'enfermer dans un cercle plus grand,

Où ne retrouvant plus de VOIE entremêlée,

D'aucun doute ſa foy ne ſera plus troublée.

Mais ſi la ſechereſſe empêche d'en REVOIR (*a*) ;

S'il n'eſt point de terrein qui puiſſe recevoir

Du Cerf ſe REMBUCHANT les ROUTES imprimées,

Qu'il borne ſa recherche à la foy des FUME'ES (*b*) :

(*a*) De retrouver la trace.   (*b*) La Fiante.

DIANE n'admet point de plus conſtans témoins.

Qu'il mette à les LEVER ſon étude & ſes ſoins ;

Que ſur la feuille verte à l'aiſe diſpoſées,

Dans le fond de ſa TROMPE (*a*) elles ſoient dépoſées.

Bientôt dans le conſeil ce gage précieux

Subira des ſçavans l'arrêt judicieux.

QUAND des QUESTES enfin les importans Ouvrages

Pourront d'un ſort heureux annoncer les préſages,

Que chacun des QUESTEURS de ſa gloire jaloux

Avant la huitiéme heure arrive au RENDEZ-VOUS.

Il eſt dans les Forêts un majeſtueux centre,

De l'horreur autrefois le plus ténébreux antre,

Qui d'une vaſte Etoile aujourd'hui décoré

Fut par l'ordre des Rois du Soleil éclairé.

(*a*) Autrefois les Valets de Limier alloient au bois avec des trompes ; mais ils ſe ſervent maintenant de leur chapeau pour mettre les Fumées.

C'eſt là que des Veneurs la Cohorte appellée,

D'un célébre conſeil doit tenir l'Aſſemblée :

Des limites ce lieu diſtant également

Aux Questeurs diſperſés offre un prompt raliment.

Les Piqueurs, & tous ceux qui par leur miniſtere

Tiennent les Chiens Couple's (*a*) ſous leur regence
    auſtere,

Les aides, les Relais de Chiens & de Coureurs, (*b*)

Tous doivent y porter de joyeuſes ardeurs ;

Et le Maître & les Chefs de qui tout doit dépendre

Doivent tout au plus tard à neuf heures s'y rendre.

    Là ſous l'éclat brillant d'un vêtement pareil (*c*)

En cercle s'uniront les membres du Conſeil ;

Chaque Questeur d'un ſtyle & net & Laconique

(*a*) Liés deux à deux.
(*b*) Chevaux.
(*c*) Tous les Chaſſeurs ont un habillement uniforme.

Fera de son RAPPORT le détail méthodique,

Marquera le PAYS où le Cerf s'est trouvé;

S'il l'a VU PAR LE CORPS, s'il est BAS, E'LEVE';

Combien PORTE SA TESTE, & quel est son CORSAGE,

Son ALLURE, son pied, sa jambe, & son PELAGE;

Par quelle CONNOISSANCE, & quel signe averé

De son âge précis il croit être assûré;

S'il est seul, s'il repose, errant, en COMPAGNIE;

Quelle espéce de Bête à lui s'est réunie;

Si dans la même ENCEINTE il croit la resserrer,

Ou si dans les confins il la revoit errer:

Et pour donner enfin des preuves renommées,

Sa main aux yeux sçavans offrira les FUME'ES. (*a*)

TOUS les RAPPORTS divers, avec ordre rendus,

(*a*) La Fiante.

Les Juges dans leur rang feront tous entendus :

Que chacun d'eux s'explique, & librement difcoure

Sur la proye & les lieux propres au Laissez-courre(*a*).

Si le nombre des Cerfs en balance le choix,

Q'alors du Maître feul on refpecte la voix.

Mais des lieux & des Cerfs fouvent le choix décide

Du fuccès d'une prife ou tardive ou rapide :

Le jeune Cerf qu'un jour peut à peine attérer

Au vieux dans aucun tems ne fe doit préferer.

Quel feroit le danger, fi par un fort étrange

On choififfoit un Cerf environné de change ?

La difette peut feule infpirer ce deffein ;

C'eft livrer fes plaifirs au hazard incertain ;

Il ne furvient que trop d'obftacles invincibles,

Où le Deftin engage à des travaux pénibles.

(*a*) Lieu où le Cerf doit être lancé.

C'eſt pour ſe garantir d'infaillibles regrets,

Qu'on préfere le Cerf aux ACULS (*a*) des Forêts,

Et qui dans un BUISSON, ſolitaire, & tranquile

Loin des trop GRAND-PAYS a choiſi ſon azile.

(*a*) Pointe ou bout des forêts.

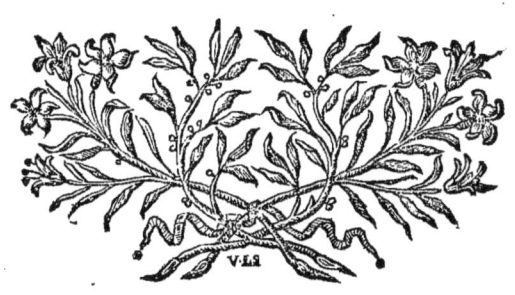

DIANE

DIANE,
OU
LES LOIX DE LA CHASSE
DU CERF.
POEME.

CHANT QUATRIEME.

'Oracle de DIANE au Conseil assemblé

Par l'organe du Maitre à peine aura parlé,

Dès qu'il est décidé quelle sera la proye

Dont il est plus aisé de DEMESLER LA VOYE;

Qu'un suffrage commun porte encor ses decrets

Sur les lieux & les tems pour PLACER LES RELAIS,

Si l'usage & le sort des courses précedentes

N'indiquent pas déja des REFUITES (*a*) courantes.

Par leur legereté tous les Chiens assortis,

Seront en cinq tribus prudemment repartis ;

L'âge divisera toute la CENTURIE :

Qu'on en choisisse vingt que la force apparie,

Qui donnés les premiers (CHIENS de MEUTE (*b*) ap-

    pellés)

Feront BONDIR le Cerf à leurs cris redoublés.

Telle à Rome jadis la troupe des HASTATES (*c*)

Entamoit le combat contre les ANTIATES. (*d*)

  (*a*) Lieux par où les Cerfs poursuivis ont coûtume de fuir.
  (*b*) Les premiers Chiens qu'on donne se nomment Chiens de Meute.
  (*c*) La troupe des Hastates ou Picquiers entamoit le combat dans les armées Romaines.
  (*d*) Peuples ennemis de Rome.

La vieille-Meute (*a*) en nombre ou pareil ou moins fort,
Des premiers combattans fecondera l'effort ;
Si l'on fçait la poster aux refuites voifines
Son effort doit du Cerf commencer les ruines.
Que le fecond relais encor plus avancé (*b*)
Soit dans le bois, en plaine, ou fur le mont placé.
Des postes éloignés refervez l'avantage
Aux Chiens dont les pieds lents retardent le courage,
Et dont la foi plus fûre & le nez raffiné,
Peut démêler du Cerf l'artifice obftiné.
Qu'enfin chaque relais prompt à prêter fon aide
Par un foin concerté l'un à l'autre fuccede.

Mais fi par des hazards qu'entraîne le Deftin

(*a*) C'eft le premier Relais après la Meute.
(*b*) Ce fecond Relais s'appelle préfentement la feconde vieille Meute.

La REFUITE paroît un objet peu certain,

Pour un RELAIS-VOLANT (*a*) qui par tout fe tranfporte,

Des plus vigoureux Chiens formez une Cohorte :

Que leur Chef côtoyant de hauteurs en hauteurs

COUPE, obferve de loin la MEUTE & les Veneurs,

Sur tous leurs mouvemens ait la vûë attentive,

Devine où le Cerf va, le prévienne, le fuive,

A la MEUTE effouflée aille en hâte s'offrir,

Quand le RELAIS manqué n'a pû la fecourir.

ENTRE les CHIENS RUSE'S, & que l'âge accredite

Gardez enfin un corps de referve & d'élite,

(C'eft le dernier relais. (*b*)) Par de fages exploits,

(*a*) Le Relais volant ne fe pratique pas ordinairement ; mais on en peut faire un dans le tems de l'extrême chaleur ; auquel cas on fépare les Hardes de Chiens. Il fe fait encore dans un pays où l'on ne connoît point du tout les Refuites, il eft plus en ufage dans les Equipages des Seigneurs, que dans ceux du Roy.
(*b*) Le dernier Relais s'appelle de fix Chiens, quoiqu'il foit compofé d'un plus grand nombre.

C'est lui qui doit du Cerf avancer les ABOIS :

Les TRIAIRES (*a*) ainsi maîtres de la Victoire

Par des coups décisifs se couronnoient de gloire.

VERS les postes donnés aux divers CONDUCTEURS (*b*)

Marcheront à pas lents les RELAIS de COUREURS. (*c*)

Ils doivent à propos devenir la ressource

Des Veneurs fatigués d'une trop longue course.

De Chiens & de Chevaux le RELAIS concerté

Doit toûjours s'assortir par la legereté. (*d*)

Les Chiens de MEUTE ardens, au fort de la jeunesse

Demandent à leur suite une égale vitesse :

Aux SIX-CHIENS surannés & soldats véterans

Suffisent des Coureurs temperés & plus lents.

(*a*) Les Triaires étoient des soldats véterans les plus expérimentés, & qui faisoient le corps de réserve chés les Romains.
(*b*) Valets de Chiens qui conduisent les Relais.
(*c*) Les Chevaux de Relais.
(*d*) On doit mettre aux premiers Relais les Chevaux les plus vites & les plus vigoureux, & aux derniers ceux qui le sont moins.

Tandis que le temps coule où la troupe émiffaire (*a*)
Marche pour occuper fon pofte auxiliaire,
Un gazon recevra fans fafte & fans fracas,
L'abondant appareil d'un ruftique repas;
Les Veneurs étendus fur un lit de verdure
Que de rameaux épais ombrage la nature,
Au gré d'un appétit, préfage du fuccès,
Mangeront promptement & boiront à grands traits.
Que chacun de Bacchus implore les aufpices,
Et fe rende par lui tous les Deftins propices.
S'ils jugent les relais à leurs poftes rendus,
Ils fe mettront en MARCHE en files étendus;
On ne peut differer fans un peril extrême
D'ENTRER au LAISSEZCOURRE après l'heure dixiéme;
Les voiles de la nuit prompts à couvrir les Cieux,

(*a*) Les Relais.

Dans l'horreur d'un hyver obscur & pluvieux,
Donneroient-ils le temps de dompter la malice
D'un Cerf qui se FORLONGE (a) ou change d'artifice ?

SITÔT que le QUESTEUR soûtenant son Limier
Non loin de sa BRISE'E arrive le premier,
Qu'il y tienne conseil, & mette en évidence
Les signes dont l'aspect fonde sa CONNOISSANCE.
Les plus sages Veneurs y seront entendus,
Et quand de leurs COUREURS à terre descendus,
Tous auront vû du Cerf la trace confirmée,
Quand l'image en sera dans leurs yeux imprimée,
Rien ne suspendra plus les travaux généreux
Qui doivent commencer un LAISSEZ-COURRE heureux.

LA Loi des premiers tems suivie avec constance

(a) Prend un autre pays.

A feul trait de Limier veut qu'on queste & qu'on lance (*a*).

Les Limiers fe prêtant un mutuel fecours,

D'un faux Rembuchement démêloient les retours ;

Mais c'eft aux Chiens de Meute à remplir cet office.

Le fuccès aujourd'hui non moins prompt que propice,

A fuprimé des Loix qui du boüillant Veneur

Sufpendoient trop long-tems l'impatiente ardeur.

La Meute tout à coup s'enfonce dans l'Enceinte,

Queste, fuit les retours, y démêle la feinte;

Bientôt elle redouble & d'ardeur & de voix.

Si le fracas fubit éclatant dans le bois

Marque du Cerf bondy la fecouffe bizare,

Que le Piqueur l'annonce en criant Gare, Gare;

Si de fa Repofée il reconnoit le fceau,

(*b*) Ce n'eft que depuis quelques années qu'on découple les Chiens de Meute dans l'Enceinte pour lancer le Cerf ; la regle anciennement étoit de ne lancer qu'avec les Limiers.

Il criera VAUCELETZ (*a*), & s'il le voit, TAYAU (*b*).

Cependant les Veneurs faifis d'impatience,

Sont répandus au loin de diftance en diftance,

Jufqu'à l'inftant heureux où le Cerf eft LANCE´:

Il eft rare qu'un d'eux par le hazard placé,

Ne le voye, & ne puiffe obferver fon CORSAGE:

C'eft à lui d'affirmer fa HAUTEUR, fon PELAGE (*c*),

S'il eft BLOND, tire au BRUN, comme un FAON

MOUCHETE´ (*d*),

Quel nombre d'Andoüillers chaque Perche a jetté.

Que l'efprit occupé des moindres circonftances,

Il détaille aux Veneurs toutes ces connoiffances,

Qui doivent garantir d'une fatale erreur.

(*a*) Cry qui marque qu'on voit la Voye, ou qu'on en revoit par les Fumées.
(*b*) Cry qui marque la Vûë du Cerf.
(*c*) Son Poil.
(*d*) Il y a quelques Cerfs qui font mouchetés.

Si le Cerf aguerry moins frapé de frayeur

A déjà de la Meute eſſuyé la Pourſuite (a),

Jamais en Debuchant (b) il ne prendra la fuite

Que, pour tromper des Chiens l'inſtinct trop ingenu,

Il ne ſoit ſur ſes pas quelque tems revenu.

Il reprendra delà ſa courſe fugitive;

Mais c'eſt aux Chiens ruſés par une Queste active

A ſe donner le tems de débrouiller ce nœud.

Cependant le Piqueur réprimera le feu

Du Chien qui clabaudant à tous les vents ſe prête;

Ses faux écarts pourroient lancer une autre bête,

Et faire que le Cerf avec ſoin détourné,

A la honte de tous ſeroit abandonné.

Dez qu'aux premiers efforts de la Meute donnée

(a) S'il avoit été déjà chaſſé.
(b) Sortant du bois.

Le Cerf sera livré, que de sa destinée

Les Piqueurs à l'envi se seront emparés,

Si les Chiens sont ensemble unis & resserrés,

Qu'on n'interrompe plus le cours de leur ouvrage.

On ne peut trop blâmer ni détester l'usage

Où pour favoriser d'impatiens désirs,

Une MEUTE ENLEVE'E (*a*) enléve les plaisirs;

Où violant la Loi par DIANE prescrite,

L'homme dérobe aux Chiens la ruse & le mérite,

Et peut les exposer aux dangereux hazards

De saisir d'autres Pieds dans leur traverse épars.

Qu'on suive donc la MEUTE, & sitôt qu'abusée,

Elle perdra la VOYE, une HAUTE BRIZE'E,

Dont un Rameau pendant doit être le signal,

(*a*). On appelle enlever la Meute lorsqu'au lieu de laisser suivre aux Chiens exactement la Voye du Cerf, on les rompt pour les remettre dans une distance plus éloignée sur la Voye où l'on connoit que le Cerf a passé.

Marquera du Defaut le principe fatal.

S'il se releve enfin, que la Meute avancée

Par les Pieds des Coureurs ne soit jamais pressée.

Le Piqueur qui trop près veut appuyer ses Chiens,

Leur ôte des retours l'instinct & les moyens.

Dès qu'un Chemin-longe' du Cerf offrira l'erre (a),

Que les yeux des Veneurs attachés sur la terre

Recherchent si son pied dans la course plus gros

Confirme encor la foi de ses premiers signaux.

Mais ce n'est point assez que la fiére milice

Contre le Cerf fuyant avec force s'unisse,

Si le relais ne vient ranimer son espoir,

Et si les Conducteurs (b) ignorant leur devoir

Ne possedent à fond toutes les Connoissances,

(a) La Voye.
(b) Valets qui conduisent les Relais.

Ou laiſſent échaper d'heureuſes occurrences;

Si leur zéle excitant des ſoins trop empreſſez

N'attend pas que le Cerf & les CHIENS SOIENT PASSEZ,

Et malgré les raiſons que le bon ſens démontre,

Sans ordre DECOUPLANT (a), DONNENT à leur ren-

contre.

L'habile CONDUCTEUR de ſa gloire jaloux

Prévoit les incidents, & les balance tous,

Impoſe à ſon relais un rigoureux ſilence,

Du tumulte & du bruit bannit la pétulance,

S'éleve ſur un arbre, où d'un regard actif

A tous les mouvemens il ſe rend attentif;

S'il rentre dans le bois, c'eſt pour juger lui-même

Si l'animal preſſé par la vîteſſe extrême

De la MEUTE animée & qu'au loin il entend,

(a) Les lâchant.

Ne vient pas se livrer au piége qu'il lui tend.
Heureux! s'il peut en paix, s'offrir à son passage,
Reconnoître son Bois, sa forme, son Corsage,
Ou revoyant du pied sur l'humide terrain
En garder aux Piqueurs un indice certain,
Qui les puisse assurer que quelqu'erreur étrange
Ne les entraîne point dans le malheur du change.
S'il entend que le Cerf perçant le Fort épais
S'écarte, & ne vient plus donner dans son relais,
Avec toute sa troupe à la hâte enlevée,
Il doit des chiens chassans prévenir l'arrivée.
Mais s'il voit seulement qu'après quelque détour,
Effrayé par le bruit il ne fait qu'un retour,
Il ne donnera point que la Meute avancée.
N'ait débroüillé du Cerf la Voye embarrassée,
Que levant tout obstacle, elle n'ait éloigné

CHANT QUATRIEME. 239

D'autres Cerfs dont souvent il s'est ACCOMPAGNÉ.

Et pour se garantir de toute autre méprise,

Tranquille il jugera si la VOYE est reprise,

S'il en a des témoins dans un cri redoublé,

Ou ne partira point qu'il ne soit appellé.

Un relais mal donné souvent trouble & dérange :

La fougue des Chiens frais, prompts à prendre le CHANGE,

Allumant dans la MEUTE un feu séditieux,

Pour suivre un jeune Cerf peut dédaigner le vieux.

Quand les Chiens sont passés, sur la trace constante

Sans crainte il lâchera la troupe impatiente,

Et reprendra les Chiens, TRAINEURS, essouflés, las,

Pour les donner au Cerf s'il revient sur ses pas.

DIANE

DIANE,
OU
LES LOIX DE LA CHASSE
DU CERF.
POEME.

CHANT CINQUIEME.

St-il à defirer, Mortel, que fans difgraces
La Fortune à ton gré s'enchaîne fur tes traces?
Que ne trouvant jamais d'obftacles à tes vœux,
Dans le fein des plaifirs, des graces & des jeux,

Sur des sentiers semés & de lys & de roses,
Des plus heureux succès en maître tu disposes?
Non: les soucis, les soins, les peines, les soupirs
Prêtent un aiguillon nécessaire aux plaisirs.
L'ame dans les tourmens dont elle est combattuë,
Se rend ingénieuse, & l'esprit s'évertuë.
Les travaux, le besoin, la faim & les hazards,
Sur un mont épineux éleverent les arts.

La Chasse dans le cours de ses progrès faciles,
Rencontre quelquefois des obstacles utiles,
Qui mêlant l'amertume au plus flateur espoir,
Des Veneurs & des Chiens aiguisent le sçavoir.
Le mêlange des fleurs que le Printems rameine,
Rend la Queste des Chiens pénible & moins certaine;
Le plus sage, enyvré d'un charme décevant,

Ne peut du Cerf couru garder toûjours le Vent.

Le Galerne Hautain, l'impétueux Borée,

L'inconſtance des Vents errans dans la contrée,

La neige, les glaçons, la pluye & les frimats,

Les ardeurs du Soleil, la foudre & ſes éclats,

Et le Rut qui toûjours d'une flâme effrenée

Exhale dans les airs l'odeur empoiſonnée,

Sont des fleaux communs, d'inévitables maux,

Qui fatiguant les Chiens, rafinent leurs travaux.

Non moins ſujet aux coups des fortunes diverſes,

Le Veneur à ſon tour éprouve des traverſes,

Quand après des Retours & des Ruses ſans fin,

Le Cerf outré de voir échoüer ſon deſſein,

S'élance dans un fleuve, en fuit l'onde courante,

Pour n'offrir plus au loin qu'une gueule béante.

Si ce reméde prompt échape à son dépit,

Il ira nouvel hôte expulser de son lit

Un Cerf qu'il substituë à toutes ses miséres,

Où viendra se jetter dans les Hardes (*a*) des Meres.

Quand les hôtes des bois manquent à son secours,

Aux animaux privés sa malice a recours ;

Il attaque un troupeau, qui soudain se déploye ;

Et cherche en s'y mêlant à confondre la Voye.

Un Piqueur, il est vrai, novice en son métier,

De pareils embaras a droit de s'effrayer ;

Mais celui dont le sens, l'âge & l'expérience,

Par des principes sûrs ont meuri la science,

S'applaudit à l'aspect de semblables malheurs,

Qui d'un plus grand triomphe assûrent les honneurs.

Il pourra de son Cerf rompre les artifices,

(*a*) Troupe de vieilles bêtes.

S'il fçait des meilleurs Chiens entendre les indices.

Lorsque le Cerf de Meute effrayé du danger,
S'acofte d'une Biche ou d'un Cerf étranger,
Le Vieux Chien eft troublé, fon ardeur réprimée
Ne fuit plus en AVANT fa Queste accoûtumée,
Il fe tait; fait fur foy cent Retours différens :
Il étoit à la tête, il prend les derniers rangs.
Le défordre qui regne irrite fa fageffe,
Il gémit des tranfports d'une folle jeuneffe ;
Et tandis qu'il la voit livrée à fa fureur
Saifir en CLABAUDANT le chemin de l'erreur,
Sans pouvoir aux faux cris oppofer de barriere,
Sous les pas des Coureurs il fe range derriere (a);

(a) Cependant il y a quelques vieux Chiens, hardis dans le Change, qui ne quittent point leur Cerf, quoiqu'il foit accompagné; les autres plus timides reftent derriere, & c'eft au Veneur à connoître les uns & les autres.

Du CHANGE, à ce signal, on connoît l'embarras.

Que le sage Piqueur REFOULE (*a*) sur ses pas :

Et si les jeunes Chiens échauffés dans la QUESTE,

Paroissent s'emporter sur la nouvelle bête,

Qu'il rompe, & déconcerte un projèt insensé,

Jusqu'à ce, qu'un vieux Chien trouvant son Cerf passé

Annonce par des cris élancés avec force,

Qu'avec le jeune Cerf le vieux a fait divorce.

MAIS si le nez des Chiens, & tout l'art des Veneurs

Ne peuvent réparer de trop longues erreurs ;

Si dans un trouble affreux, de rage possedée,

Sur divers animaux la MEUTE est DEBANDE'E;

Si les Chiens les plus sûrs saisis du même effroy,

N'offrent dans leurs RETOURS qu'une inconstante foy,

(*b*) Faire retourner les Chiens sur leurs pas.

Allez à la Brize'e où commença le Change;
Faites perdre à la Meute un faux goût du mélange,
Rentrez dans votre Voye, & d'un pas mefuré
Laiffez le fentiment s'accroître par degré :
Les travaux affidus des Chiens de confiance
Peut-être feront-ils reluire l'efpérance.
Dès que vous jugerez qu'ils ne fe trompent pas,
Entraînez à grands cris la Meute fur leurs pas,
Et s'il vous l'eft permis, il feroit néceffaire
D'appeller du Relais la troupe auxiliaire.

Il eft d'autres revers. Lorfque le Cerf preffé
Se place dans le Lit du Cerf qu'il a chaffé,
Les jeunes Chiens frapés d'une vapeur nouvelle,
S'emportent redoublant une voix infidelle :
Le filence du Vieux, & fon fage refus

Ne condamnent que trop leur crime & leur abus.
Rappellez à grands cris votre Meute égarée ;
Tenez-la, s'il se peut, unie & resserrée,
Reprenez les Devans, & partout brisez haut ;
Foulez les lieux suspects & voisins du Defaut,
Jusqu'à ce que du Cerf la finesse épuisée
Cede aux Chiens ameute's la feinte Repose'e.
Mais il n'est pas toûjours aisé de l'en tirer ;
Lorsque du Lit d'autrui le Cerf veut s'emparer,
Pour supprimer sa Voye, à grands sauts il s'élance,
Par bonds sur l'autre Cerf tombe avec violence,
Le bannit, tient le Nez dans les herbes caché,
Et les Pieds sous le Ventre y demeure couché :
Il n'imagine plus après cet artifice,
Que du soufle ou des Pieds la vapeur le trahisse,
Il y prend tant de foy, que stable en son étuy,

Il voit fans s'effrayer la Meute autour de luy,
Y foûtient conftamment fa pofture contrainte,
Et des pieds des Coureurs fouffre plûtôt l'atteinte.
Mais vous triompherez de fa crédulité,
Il bondira bientôt d'un faut précipité :
Dans l'affreux defefpoir où fon deftin l'entraîne
Il joüira du fruit de fa nouvelle haleine,
Et fi fes membres las, épuifés de travaux
Demandent la fraîcheur d'un humide repos,
Dans des marais Baigne's, ou dans l'onde coulante
Il coupera le fil de fa route traçante.
Si traverfant le fleuve il croit fuir le danger,
Que les Chiens après lui s'efforcent de nager;
S'ils répugnent à l'eau, le Piqueur plein de zéle
S'y jette, où cherche un pont, un gué, quelque nacelle,
Où fuivi de fes Chiens il gagne l'autre bord,

Il y Queste la voye où le Cerf mouillé fort;
Et s'il n'en peut revoir, fi rien ne le révéle,
Peut-être fous des joncs la rive le recelle :
Peut-être a-t-il fuivi le doux courant des eaux,
Pour n'y plus laiffer voir que de honteux nazeaux.
Là finira des Chiens l'induftrieux courage ;
L'œil perçant du Piqueur achevera l'ouvrage,
Il fera fa brise'e à l'endroit averé,
Où dans l'onde en fuïant l'animal eft entré ;
Il defcendra le fleuve entre les deux rivages.
C'eft à lui d'obferver les divers témoignages
Que le fens, la raifon peuvent mettre à profit,
De voir fi dans le cours de cet humide lit,
Quelques iflots, des troncs, des roches, des jettées,
Des pas d'un pied moüillé ne font pas humectées ;
Si les arbres voifins qui courbent leurs rameaux

CHANT CINQUIE'ME.

Sont baignés par les bonds qu'il fit fortant des eaux;
Enfin si sur les bords il s'offre une partie
Où le terrein humide annonce sa sortie :
Tant que ces monumens éclairciront sa foi,
De suivre chaque indice il se fera la loi.
S'ils cessent, qu'il retourne en hâte à sa BRIZE'E,
Que la MEUTE en deux parts soudain soit divisée,
Que toutes deux QUESTANT sous l'appui d'un PIQUEUR
FOULENT la double rive en toute sa longueur,
Jusqu'à ce que la VOYE en l'onde ensevelie,
Renaisse en son entier desormais rétablie.

QUAND le Cerf épuisé ne peut plus aller loin,
D'autres ruses encor succédent au besoin;
Vous dirai-je les sauts & les trajets énormes
Qu'invente son dépit, entr'eux si peu conformes?

Lorsque tel que le dard lancé par un Archer

Il traverse les airs de rocher en rocher.(*a*),

Si la peur de la mort ne lui prêtoit des aîles,

De semblables récits paroîtroient-ils fidéles ?

Mais un exemple seul peut suffire entre tous ;

Il est depuis cent ans chanté par le Fouilloux (*b*).

Un Cerf avoit tenté ses ruses ordinaires

Et tomboit sous le poids de ses destins contraires ;

Lorsque par un effort inoüi jusqu'alors,

Sur un buisson d'épine il élance son corps :

Les pointes & les dards n'ont rien qui l'épouvante,

Il s'y tapit pour fuïr sa rüine presente.

Tout cesse, tout se tait, un deüil tumultueux

Jette toute la Meute en un desastre affreux.

 (*a*) A Fontainebleau il faute quelquefois d'un rocher à l'autre.
pour supprimer sa Voye.
 (*a*) Auteur d'un Livre de Venerie.

Chant Cinquie'me.

Vainement on avance, on revient en arriere,
Le sçavoir épuisé perd toute sa lumiere,
Lorsqu'enfin d'un Veneur le coup d'œil détaché
Lui découvre le Cerf sur l'épine perché.

Mille obstacles pareils sans cesse peuvent naître,
Déconcerter la Meute & désoler le Maître;
Du Soleil élevé l'invincible chaleur
Eteint la voix des Chiens, les réduit en langueur;
On est souvent forcé de suspendre leur course,
De leur offrir du pain au pied de quelque source,
D'attendre que le Ciel en moderant ses feux
Rappelle la vigueur qui languissoit en eux.
Mais vous éprouverez des Destins plus propices,
Votre Cerf relance' malgré ses artifices
Ne peut vous échaper, sa chûte n'est pas loin :

Et dans un Hallali (*a*) vous en ferez témoin.

De l'oreille & des yeux il a perdu l'usage,

Il bronche à chaque pas ; s'il entend quelque bruit,

Ou croit que le Veneur l'entrevoit & le suit,

Par un saut redoublé, (foible effort de la feinte)

Il voudra déguiser une vigueur éteinte.

Mais s'il sent que ses pas ne sont point apperçûs,

Il laisse choir sa tête & ne se contraint plus ;

Sur le terrein uni son foible pied chancelle,

Il y semble flotter ainsi qu'une nacelle,

Il n'ose plus franchir la haye ou le fossé,

Il cherchera la brêche où d'autres ont passé.

Sa pince tour à tour & s'ouvre & se resserre,

Vous le verrez bientôt donner des Os-en-terre ;

Sa langue est retirée ; & hideuses à voir

(*a*) Fin du Cerf.

Ses lévres n'offrent plus qu'un venin sec & noir.
Du Cerf le plus outré tels seront les indices,
Et d'un triomphe sûr les flateuses prémices.
La Meute à ses talons va tenir les Abois ;
Le lieu seul de sa mort balancera son choix ;
S'il ne peut plus tenter qu'un effort inutile,
Peut-être encor des eaux cherchera-t-il l'azile.
S'il en sort, retournant aux lieux qu'il a battus,
Il erre lentement & ne s'écarte plus.

Mais des Chiens triomphans s'il souffre les injures,
Il leur fera sentir les plus vives blessures.
Malheur à qui trop près osera l'insulter :
Il préviendra le coup qu'on voudra lui porter.
Dans le cercle des Chiens sa rage se concentre ;
Chaque coup d'Andouiller étourdit, brise, éventre;

(Et fi du Rut fougueux dure encor la faifon)
L'amour verfe en la playe un funefte poifon ;
C'eft au fage Piqueur d'arrêter ce carnage,
De faifir l'intervale où repofe fa rage,
Et d'un revers de main courageux & difcret
Pour le falut des Chiens lui couper le jaret.

Cependant à grand bruit les Veneurs s'applau-
 diffent ;
Leurs Trompes à l'envi dans les airs retentiffent;
Chacun d'une Fanfare offre la nouveauté,
Ou fonne du gros-ton pour la mort affecté :
Tout accourt à ces fons, on s'affemble à la ronde;
On entoure le Cerf, qui retiré de l'onde,
Et placé dans un lieu commode & découvert,
De la commune joye excite le Concert.

Bientôt

CHANT CINQUIE'ME.

Bientôt commencera l'inftant du Sacrifice,
Le premier des PIQUEURS confommant cet office,
Du Cerf enfin dompté prefentant le pied droit
Ira rendre à fon Maître un hommage qu'il doit.

DIANE,
OU
LES LOIX DE LA CHASSE
DU CERF.
POEME.

CHANT SIXIEME.

Pre's avoir du Cerf présenté les prémices,
Suivant la sage loy prescrite aux sacrifices,
Pour delivrer les parts & les droits anciens
Dûs à DIANE, au Maître, aux Ministres, aux Chiens,

Dans un char éminent la Victime montée

Sera jufques au Temple en triomphe portée.

Là fur un verd gazon de Chênes entouré,

Qui tracent le contour du Parvis confacré,

Un Autel la reçoit fur le dos étenduë,

Et recüeille le fang de fa gorge fenduë.

La FOURCHE n'eft pas loin, dont les bras inégaux

De tous les MENUS-DROITS (*a*) confervent les dépôts.

Les DAINTIERS (*b*) ont l'honneur de la premiere place,

Le Sacrificateur, d'une décente audace

Du jaret à la gorge étendant fes efforts,

De la NAPE (*c*) à loifir dépoüillera le corps.

Qu'il épargne le Chef, le Mufle & les Oreilles ;

Ils ont droit de joüir de franchifes pareilles ;

Le Ventre cependant d'un feul coup partagé

(*a*) Certaines parties interieures attachées à la fourchette.
(*b*) Les rognons du Cerf.
(*c*) La peau.

De son immonde poids doit être déchargé ;

Des Ministres legers en hâte s'en emparent ;

Dans des Vases d'airain l'épurent, le séparent ;

De son sein entr'ouvert avec le fer sacré,

On détache à DIANE un tribut préparé,

C'est la plus noble part qu'elle a droit de prétendre.

On allume un bucher : le feu réduit en cendre

Le Cœur & le double Os de la célébre Croix (*a*),

Que dans le vin LUCINE employa tant de fois ;

Et le MASSACRE (*b*) ira parer les murs du Temple,

Des Triomphes suivis chronologique exemple.

QUAND le premier devoir à DIANE est rendu,

(*a*) La poudre de la Croix du Cerf dans du vin est un remede merveilleux pour les Femmes en travail ; & comme Lucine est la même que Diane suivant les Poëtes, on a choisi le cœur du Cerf pour être offert à Diane en sacrifice, à cause de l'usage qu'elle fait de la poudre calcinée de la Croix qui se trouve dans le cœur du Cerf.

(*b*) La face de la tête où tient le Bois.

On enleve du sein largement étendu

Ce qu'on nomme les Noeuds, Muscles dont la nature

De l'Epaule & du Col forma la ligature.

Le Franc-boyau, les Ris, & tous les Menus-droits,

Dont le friant Forhu (*a*) fera briller le choix,

L'un sur l'autre s'accroche au bras de la Fourchette,

Et la langue en sera la derniere recepte.

Mais la Rate & le Foye avec soin conservés,

Partage des Limiers, leur seront reservés ;

Tous autres Intestins (corruptibles reliques)

Joints à ceux qu'ont reçû les vases métalliques,

Déchirés à la main, ou coupés en morceaux,

Rougiront dans le sang écoulé des vaisseaux,

Et des pains divisés, que de lait on arrose,

De ce premier repas épaissiront la dose.

(*c*) L'amas de differentes parties interieures attachées à la fourchette s'appelle le Forhu.

CHANT SIXIE'ME.

CEPENDANT le Miniſtre avançant ſes travaux,
Du Maître & des Veneurs repartira les lots :
Les FILETS, le CIMIER & les CUISSES complettes,
Les Muſcles qui des reins forment les EGUILLETTES,
Sont des droits de tout tems conſacrés aux Seigneurs.
Celui qui LAISSA-COURRE (*a*) ajoûte à ſes honneurs
Toute l'EPAULE DROITE amplement enlevée ;
Au Sacrificateur la GAUCHE eſt reſervée ;
Le reſte aux Conducteurs doit être abandonné.
Qu'ils laiſſent ſeulement le COFFRE (*b*) décharné,
Il doit offrir aux Chiens une nouvelle chere,
Et de leurs longs travaux être une ſecond ſalaire.

LE Sacrifice offert, le partage fini,
La NAPPE s'étendra ſur un terrain uni :

_____
(*a*) Le Valet de Limier qui a détourné le Cerf qu'on a pris.
(*b*) C'eſt la carcaſſe.

Deux Miniſtres ſervans, d'une main aſſurée
Y verſeront l'aprêt de l'humide Cure'e;
Que le Coffre plus loin ſe place à trente pas,
Et que la Fourche offrant le troiſiéme repas
S'enfonce dans la terre à pareille diſtance :
Qu'on livre alors les Chiens à leur impatience ;
Qu'au ſon des Cors bruyans ils ſoient tous appellés
A dévorer les mets à leurs yeux étalés.
Mais quoi ! Déjà tout céde à leur fureur avide :
La Nappe (*a*) n'offre plus qu'une ceinture vuide.
Qu'on les entraîne au Coffre, (*b*) aux cris réiterés
De ces vulgaires mots, tirez, tirez, tirez ;
Sur la terre long-tems la Carcasse eſt traînée,
Et chacun en ſaiſit la Coste décharnée,
Enfin par le Forhu la Fête doit finir.

(*a*) La peau.
(*b*) Carcaſſe.

La voix n'a point de frein qui puiffe contenir

L'empórtement des Chiens, & la rapide joye

Qu'excite en eux l'afpect de la derniere proye ;

Le Veneur dont la main l'éléve & la régit

Par des jeux irritans trompe leur appétit ;

Envain à fes côtés ils fautent, ils bondiffent,

Un détour les féduit, des feintes les trahiffent,

Jufqu'à ce qu'élevés par un faut mefuré

Ils dérobent le prix qu'ils ont tant defiré.

Cependant dans les airs éclatent les FANFARES,

(Les plus jeunes Veneurs n'en font jamais avares)

Et chacun à l'envi s'empreffe à fignaler

Le bienfait dont DIANE a daigné les combler.

C'EST une Loi facrée & de tout tems connuë,

Qu'on doit à la CURE'E affifter la main nuë ;(*a*)
  (*a*) On ne doit point avoir de gands pendant la Curée; &

C'eſt un crime d'en être autrement le témoin :
Quiconque mal inſtruit, ou negligeant ce ſoin,
Aux yeux des ſpectateurs eſt reconnu coupable,
Ou perd par ce délit un gage ſaiſiſſable,
Ou n'en doit être abſous qu'en rachetant le prix
Du droit inviolable aux Conducteurs acquis.....
Mais qu'entens-je ? Quel bruit ? Somnifere interprete
Le ton rauque du Cor a ſonné la Retraite :
Tous les Chiens ſont repus ; ſous la gaule réduits,
Ils vont être au Chenil par ordre reconduits ;
Et ſi l'entrée encor leur en eſt défenduë,
C'eſt pour les faire tous repaſſer en revûë :
Ils y feront par noms exactement comptés.
S'il en manque, qui loin par le Change emportés
Ont perdu de la Chaſſe & le bruit & les Erres,

quand les Valets de Chiens ſurprennent quelque jeune Veneur avec ſes gands, ils ſont en droit par l'uſage de lui demander de quoi boire.

Que pour les rechercher, de legers émiſſaires

Volent de toutes parts, s'enfoncent dans le bois,

Les rappellent au cry du Cor & de la Voix,

Et rompant du ſommeil l'enchantement perfide,

Les préſervent la nuit des dents du Loup avide.

Entre les jours heureux dans l'année enchaînés,

Qu'à ſes nobles plaiſirs Diane a deſtinés,

Il en eſt un fameux dont le nom renouvelle

De tous ſes Sectateurs le courage & le zéle.

L'Automne tempérée offre mille douceurs (*a*),

L'Hyver n'a point encore annoncé ſes rigueurs :

Dans ce tems renommé le repos eſt un crime,

Le plus foible Veneur ſe réveille & s'anime ;

L'Etendart de Diane en tous lieux arboré,

(*a*) Le 3. Novembre, jour connu ſous le nom de S. Hubert.

Annonce l'appareil à fes Jeux confacré ;

Des Princes & des Rois la Cour eft redoublée.

Il n'eft point de climat où dans une affemblée,

Les voifins fe prêtant un mutuel effort,

D'un célébre ennemi ne concertent la mort.

Vous en êtes exclus, (troupe vile & profane)

Avides Levreteurs (*a*), ennemis de Diane,

Des Lievres de nos champs deftructeurs fignalés ;

Sur l'Autel Scythien (*b*) dignes d'être immolés :

Vous, Chaffeurs, qui fuyant un pénible exercice,

D'un Chien ferme (*c*) employant le commode arti-

fice,

Tirassez (*d*) lâchement & Cailles & Perdrix,

(*a*) Chaffeurs au Levrier ; Savary n'aimoit pas la Chaffe du Levrier, & ces trois Vers font traduits litteralement.
(*b*) Les Scythes dans la Tauride immoloient les hommes à l'honneur de Diane.
(*c*) Chien qui arrête.
(*d*) Avec des Filets : cette façon de prendre des Cailles & des Perdrix eft plus utile que noble & amufante.

Et de l'art de la Chasse avilissez le prix.

Diane ne reçoit à cette auguste Fête

Que des Veneurs flattés d'une illustre conquête,

Qui de l'obscure fraude abhorrant les travaux

Fassent la guerre ouverte à tous les animaux,

Attaquent SANGLIERS, CERFS legers, LOUPS avides,

Courent LIEVRES, RENARDS, CHEVREUILS, ou
 DAIMS timides.

Elle y reçoit encor quiconque sçait dans l'air

Déployer le FAUCON contre l'Oyseau leger:

Qu'il est doux de lui voir écraser en furie

La Perdrix, le Milan, le Héron & la Pie!

MAIS si non loin des Bois par Diane habités

Le hazard attiroit d'innocentes Beautés;

S'il s'y trouvoit encor de ces nobles Guerrieres

Du courage Gaulois conſtantes heritieres,

Qui pour ſe ſignaler par de vaillants exploits

Oſaſſent du Veneur endoſſer le harnois,

Et ſous des vêtemens aux ſiens preſque ſemblables,

Sous un double Etrier fermes, inébranlables,

Les Bottines aux pieds, prendre le premier rang,

Embraſſer un Coureur & lui preſſer le flanc,

Qu'elles viennent en hâte, ou plûtôt qu'invitées

(De la Deesse en tout images reſpectées)

Elles donnent la Loi, réglent les mouvemens,

L'ordre du Laissez-courre, & les lieux, & les tems,

Tout doit ceder au Joug que ces Belles impoſent;

Eſt-il de grands Deſtins dont elles ne diſpoſent?

Arbitres de la Chaſſe & des travaux du jour

Elles en daigneront honorer le Retour;

Sous le Portique ouvert de la Voute ſacrée

CHANT SIXIE'ME.

La plus superbe Fête est déja préparée;
Une Table en son tour étalant cent couverts
Y reçoit les apprêts de mille mets divers.
De la terre & de l'air l'abondance épuisée
Dans cet ample Festin aux yeux est exposée :
Chaque Chasseur jaloux du mets qu'il a conquis
En vante la saveur, en reléve le prix;
Le Vin coule à grand flots d'une source féconde,
Les Conviés armés d'une Coupe à la ronde
A la Divinité portent les premiers coups :
Animés d'un transport respectueux & doux
Aux Nymphes tour à tour ils rendront même hom-
    mage:
Mille tendres Chansons en seront le langage;
Et peut-être l'Amour prendra l'occasion
D'y ménager le sort de quelque ENDIMION.

Avec éclat du Maître on chantera la gloire,

Chacun s'arrogera le prix de la Victoire,

Les grands exploits du jour y feront rappellés,

Et même les malheurs n'y feront point celés.

Tous propos étrangers feroient une indécence,

Le zéle, le refpect, & la reconnoiffance,

Défendent de mêler de profanes recits

Où DIANE doit feule infpirer les efprits.

Elle y fera briller une joye animée

Jufqu'à ce qu'en plaifirs la nuit foit confommée;

Et que le doux fommeil répandant fes Pavots

Etende fur les yeux les voiles du repos.

FIN.

DICTIONAIRE

DICTIONAIRE
DES
TERMES USITÉS
DANS LA CHASSE
DU CERF.

DICTIONAIRE

CONTENANT LES MOTS, OU les Manieres de parler uſitées dans la Chaſſe du CERF, *employées dans ce Poëme.*

A

ABBATURES, traces que le corps du Cerf laiſſe en paſſant dans les taillis.

ABOIS, derniers abois, c'eſt quand le Cerf tombe mort ou outré.

ACOUER le Cerf, c'eſt le ſuivre de près & l'aculer pour lui couper le Jaret : ce terme eſt dans Salnove ; mais il n'eſt pas d'uſage aujourd'hui.

ACCOURIR le trait, c'eſt le ployer à demi ou tout à fait pour retenir le Limier. *Saln.*

ACULS des Forêts, ce ſont les bouts des grands pays de bois.

AIGUILLONNE', ce mot ſe dit des Fumées qui portent quelquefois un aiguillon quand elles ſont en nœuds : ce qui marque ordinairement que les Cerfs ont eu quelque ennui.

ALLER de bon tems, c'eſt à dire qu'il y a peu de tems que la bête eſt paſſée.

ALLER de hautes Erres, c'eſt quand il y a ſept ou huit heures que la bête eſt paſſée.

ALLONGER le trait à un Limier, c'eſt le laiſſer déployé de ſon long.

ALLURE, marcher du Cerf.

AMEUTER, on dit les Chiens font bien ameutés pour dire qu'ils marchent bien enfemble.

ANDOUILLER, premier Cors le plus près des Meules : on ne laiſſe pas de donner ce nom aux autres Cors. On dit le Piqueur a été bleſſé d'un coup d'Andouiller. On donne le nom d'Andouiller à toutes les Chevilles qui fortent de la Perche.

APPUYER les Chiens, c'eſt fuivre toutes leurs opérations, les diriger, & les animer de la Trompe & de la voix.

ASSEMBLE'E, rendez-vous où tous les Chaſſeurs fe trouvent.

ASSENTIR la voie, c'eſt la gouter. *Saln.*

ASSURANCE, fermeté : on dit le Cerf va d'aſſûrance, c'eſt-à-dire, le Pied ferré & fans crainte.

B.

BABIL fe dit d'un Limier ; ce Limier babille trop : lui ôter le babil, ou le rendre fecret, ou l'empêcher de caqueter.

BALANCER, c'eſt quand un Cerf chaſſé vacille en s'enfuyant, ou quand un Limier ne tient pas la voie juſte.

BANS, licts des Chiens.

BATTRE, fe faire battre ; c'eſt quand une bête fe fait chaſſer long-tems dans un canton de pays.

BATTRE l'eau, c'eſt quand le Cerf eſt dans l'eau, on doit dire aux Chiens : IL BAT L'EAU.

BICHE, femelle du Cerf ; elle fait fon Faon en Avril & en May.

BONDIR, on dit le Cerf bondit, ou faire bondir un Cerf frais.

BOSSES, ce sont deux grosseurs qui viennent la premiere année à la tête du Cerf.

BOTTE, collier que l'on met au Limier quand on le mene aux bois.

BOUZARS, ce sont les Fiantes que jette le Cerf au Printems, & qui sont rondes & molles comme des bouzes de Vache.

BRANDES, ce sont les bruyeres où les Cerfs vont viander : vieux terme.

BOYAU, franc-boyau, c'est le gros-boyau où passent les viandis du Cerf, qai fait partie des menus droits.

BRAILLER, on dit qu'un Chien braille quand il crie sans voix.

BREHAGNE, Biche qui n'engendre point.

BRIZE'E, rameau rompu qui sert à marquer l'entrée du Cerf dans le bois, à en faire l'enceinte, ou à marquer la naissance d'un defaut.

BRIZE'E haute, rameau rompu qui pend encore à la branche, & qui marque la rentrée au fort.

BRIZE'E basse, rameau couché à terre qui marque le chemin du Cerf. La pointe fait voir d'où il vient, & le gros bout où il va.

BRUNIR : quand le bois du Cerf est revenu au Printems, il est couvert d'une peau tendre qui lui demange ; pour la faire tomber il se frotte contre les baliveaux afin de la rendre nette & unie, & la fait changer de couleur selon les terres où il se frotte ; c'est ce qu'on appelle Brunir.

BUISSON, bois d'une moyenne étenduë.

BUISSON creux, ce terme se dit quand le Valet de

Limier qui à détourné, ne trouve rien dans son enceinte : c'est un buisson creux.

C

Ca-revaut, terme pour faire entendre que le Cerf s'en retourne duns son pays.

Ca-va-la-haut, terme pour parler aux Chiens quand ils chassent.

Cerf, Faon, Daguet, Cerf à sa seconde tête, à sa troisiéme tête, à sa quatriéme tête, Cerf de dix cors jeunement, Cerf de dix cors, vieux Cerf, grand vieux Cerf, Cerf de Meute, ou Cerf que l'on court.

Cerf accompagné, ou en compagnie qui s'est joint avec d'autres Bêtes.

Cerf bien chevillé qui porte plusieurs dards ou rameaux à la sommité de son Bois, en forme de couronne.

Cervaison, c'est quand un Cerf est gras ou en venaison.

Chambre du Cerf, c'est son Lit ou Reposée pendant le jour. Ce terme de Chambre n'est plus en usage, il se disoit du tems de Savary.

Change, on dit prendre le change ou garder le change ; prendre le change c'est suivre une nouvelle bête ; garder le change c'est se tenir à la bête qu'on a commencé de courir.

Chasser de gueule, c'est laisser crier & aboyer un Limier qui naturellement est secret ; cela s'appelle encore Routailler.

Chiens courants, ardens, allans, vîtes, legers, requerans, pesans, heurleurs, anglois, bâtard-anglois.

Cimier, c'est la Croupe du Cerf, qui dans la Curée

se donne au Maître de l'Equipage.

COFFRE, Carcasse du Cerf décharné.

COEFFE', on dit un Chien-bien coëffé.

COMBLETTE, fente qui est au milieu du pied du Cerf.

CONNOISSANCES, indices de l'âge & de la forme du Cerf, par la tête, le pied, les fumées, &c.

CLABAUDER, on dit ce terme des Chiens qui rebattent les mêmes voyes & ne peuvent aller avec les autres Chiens.

CONTREPIED, prendre le contrepied, c'est retourner par où le Cerf est venu.

COR, trompe, instrument de cuivre dont on sonne.

CORS, ce sont les cornes sortans de la perche du Cerf. Le premier cors s'appelle Andouiller, le second Surandoüiller, les suivans, cors, chevilles ou chevillures, doits ou épois : ce sont differens noms que les Auteurs leur donnent.

CORSAGE, forme du corps du Cerf.

COUPLE, lien qui attache les Chiens deux à deux.

COUPLER les Chiens, les lier deux à deux.

COUPER, c'est quand un Chien quitte la voye pour prendre les devants, ce qui est un défaut.

COUREURS, on nomme ainsi les chevaux de Chasse qui ont la queuë coupée.

CROIX de Cerf, c'est un petit os en croix qui se trouve dans le Cœur du Cerf, lequel mis en poudre dans du vin, est un remede merveilleux pour les femmes en travail.

CROULER la queuë, cela se dit du Cerf quand il fuit.

CURE'E, dissection des parties du Cerf dont les intérieures avec le sang font le salaire des Chiens : ce qu'on appelle autrement la Moüée.

On fe fert auffi du mot de CURE'E quand on donne le Cerf à manger aux Chiens afin de leur donner plus d'ardeur pour la Chaffe.

D.

DAGUES, premiers dards fimples qui fortent de la Tête du Cerf quand il a un an.

DAGUET, Cerf qui porte fon premier bois pendant le cours de fa feconde année.

DAINTIERS, rognons du Cerf.

DE'COUPLER les Chiens, les délier l'un de l'autre quand ils font deux à deux.

DE'DORTOIRE, bâton de deux pieds dont on fe fervoit autrefois pour parer les gaulis : le manche du foüet a aujourd'hui le même ufage.

DE'FAUT, demeurer en défaut ; c'eft avoir perdu la voye du Cerf pendant quelque-tems ou tout-à-fait.

DE'HARDER, lâcher les Chiens quand ils font liés fix à fix, ou quatre à quatre.

DE'MESLER la voie ; trouver la voye du Cerf couru au milieu d'autres Cerfs.

DE'PLOYER le trait ; c'eft allonger la corde qui tient la botte du Limier.

DERRIERE, c'eft un terme dont on fe fert pour arrêter un Chien, & le faire demeurer derriere foi quand il chaffe le droit.

DE'TOURNER, c'eft découvrir par le moyen du Limier, le lieu où le Cerf eft à fa repofée, & en marquer l'enceinte.

DROIT, on dit prendre ou tenir le droit pour faire

entendre qu'un Chien reprend bien la voye.

DROIT du Limier : la Rate & le Foye lui appartiennent dans la Curée.

DROIT du Valet de Limier qui a détourné, c'est l'Epaule droite.

DROITS du Seigneur, ce sont le Filet, les Cuisses, & le Cimier avec toute la Tête.

DRAP de Curée, c'étoit une toile sur laquelle on étendoit la Moüée qu'on donne aux Chiens quand on fait la Curée ; mais cela n'est plus usité.

E

S'ECHAUFFER, s'échauffer sur la voye, la suivre avec ardeur.

EMPAUMER la voye, c'est prendre la voye.

EMPAUMURE, cela se dit d'un vieux Cerf dont le haut de la Tête imite la paume de la main.

ENCEINTE, cercle marqué par des rameaux brisés pour détourner le Cerf, & sçavoir précisément le lieu où il est retiré ; & ce lieu s'appelle l'Enceinte.

ENGUICHURE de la Trompe, entrée de la Trompe.

ENLEVER la Meute, c'est lorsqu'au lieu de laisser chasser ses Chiens, on les entraîne par le plus court chemin au lieu où un Chasseur a vû le Cerf, & où on retrouve la voye.

ENTE'ES, ce terme se dit des Fumées qui tiennent ensemble, & qu'on ne peut séparer sans les rompre.

EPOIS, Cors qui sont au sommet de la Tête du Cerf, en Latin *Surculus* ou *Digitus* ; il y a des Epois de Coronure, de Paulmure, de Trochure & d'Enfourchure. *Savary. Foüilloux. Salnove.*

EPONGES, c'eſt ce qui forme le talon des bêtes.
ERRES du Cerf, traces ou voyes du Cerf.
ELAVE', poil élavé : c'eſt un poil molaſſe & blafard en couleur, qui marque ordinairement la foibleſſe d'un Chien.
ERUCIR, le Cerf érucit quand il prend un bâton en ſa gueule & le ſuce pour en avoir la liqueur. Vieux terme.
EVENTER la voye, c'eſt quand elle eſt ſi vive que le Chien la ſent, ſans mettre le nez à terre, ou quand après un long défaut les Chiens ont le vent du Cerf qui eſt ſur le ventre dans une enceinte.

F

FANFARES, airs meſurés qu'on ſonne au Lancer, à la vûë du Cerf, à l'Halaly, & à la Curée.
FAONS, ce ſont les petits des Biches.
FAUVE, le Cerf eſt une bête fauve.
FAUX-FUYANT, c'eſt ce qu'on appelle une ſente à pied dans le bois.
FAUX-MARCHER, ſe dit de la Biche qui biaiſe en marchant, ou du Cerf après qu'il a mis bas.
FAUX-MARQUE', on dit un Cerf faux-marqué quand il a plus de Cors d'un côté que de l'autre ; c'eſt la même choſe que mal-ſemé.
FILET du Cerf, les grands Filets, c'eſt la chair qui ſe leve au deſſus des Reins du Cerf, & les petits Filets ſe levent au dedans des Reins : c'eſt un droit du maître.
FORHU, ce ſont pluſieurs parties internes du Cerf, tels que tous les petits boyaux que l'on donne aux

Chiens au bout d'une fourche après qu'ils ont mangé la Moüée & le Coffre du Cerf.

FORHUIR, fonner la trompe de fort loin. Terme ancien.

FOULER, faire battre ou parcourir un terrein par le Limier ou par la Meute.

FOULE'ES, impreffion du pied fur le gazon ou fur des feüilles.

FOULURES, marques du Pied du Cerf.

FOURCHE, bâton à deux branches qui reçoit le Forhu dans la Curée.

FOURCHETTE, ce qui eft dans la folle du Pied.

FRAIZE, cercle raboteux qui entoure la Meule.

FRAPER à route, faire retourner les Chiens pour les faire relancer le Cerf.

FRAYOIR, c'eft lorfque le Cerf brunit fon bois nouveau contre les baliveaux pour détacher & ôter une peau veluë qui le couvre ; après quoi il l'enfonce dans la terre & le brunit en lui donnant une couleur felon le terrein.

FUME'ES, fiantes des Cerfs ou Biches : elles font en bouzarts, en plateaux, en torches, en nœuds, ou formées, martelées ou aiguillonnées.

FORLONGER, prendre un grand pays & s'éloigner hors du pays ordinaire. On dit auffi un Cerf forlonge, quand il a bien de l'avance devant les Chiens.

G

GAGNAGES, champs où font les grains, & où le Cerf va viander pendant la nuit.

GARE, c'eft le terme que doit dire celui qui entend

le Cerf bondir de sa reposée.

GAULIS, ce sont des branches d'un bois de 18..à 20. ans.

GORGE d'un Chien, terme pour marquer sa voix; on dit ce Chien a une bonne Gorge.

GOUTIERES, fentes ou rayes creuses qui sont le long de la Perche ou du Merrain de la Tête du Cerf.

GRESLE, c'est le ton clair de la Trompe. On dit aussi qu'un Cerf a le Merrain grêle.

GROS-TON, c'est le ton bas de la Trompe.

H

HALLALI, cri qui marque que le Cerf est sur ses fins.

HAMPE, Poitrine du Cerf.

HARDE, troupe de bêtes unies ensemble : ce mot signifie aussi un lien qui attache les Chiens six à six.

HARDER les Chiens, les mettre quatre à quatre ou six à six.

HATER son Erre, c'est quand le Cerf fuit fort vîte.

HAUT à HAUT, cry pour appeller son Camarade & lui faire revoir de son Cerf pendant un défaut, ou pour l'appeller le matin au bois en le houpant.

HAYE ou HAHE', c'est le terme pour arrêter les Chiens qui chassent le Change ; mais pour les faire attendre les autres lorsqu'ils chassent le droit, on dit seulement Derriere.

HOUPER, un mot long, c'est appeller son Compagnon,

I.

JAMBE du Cerf, c'est depuis le Talon jusqu'aux Ergots qu'on nomme les Os.

IMMONDICES, ce sont les excrémens des Chiens.

JETTER SA TESTE, c'est mettre bas.

IL-VA-LA-CHIENS, terme dont on parle aux Chiens quand ils chassent à la discretion & à la prudence du Piqueur.

IL PERCE, terme pour dire aux Chiens qu'il va en avant.

L

LAISSEZ-COURRE, ainsi se nomme le lieu où se doit lancer le Cerf; on dit aussi laissez-courre un Cerf.

LAMBEAUX, c'est la peau veluë du bois du Cerf qu'il dépoüille au frayoir.

AH-LAYLA, ou TOUT BELLEMENT, c'est le terme pour donner de la crainte aux Chiens lorsque le Cerf s'est accompagné, afin de les obliger à garder le change.

LANCER le Cerf, le faire partir de la reposée.

LARMIERES, ce sont deux fentes qui sont au-dessous des yeux du Cerf; il en sort une liqueur jaune, qu'on nomme larmes du Cerf.

LICES, Chiennes courantes.

LIMIERS, Chiens de trait dont on se sert pour détourner le Cerf.

LIVRER le Cerf aux Chiens, mettre les Chiens après.

LONGER un chemin, c'est quand une bête va toûjours en avant, ou quand un Cerf chassé qui commence à être mal-mené, longe les chemins & fuit tant qu'il peut.

M.

MAL-SEME', on appelle un Cerf mal-femé quand il a plus d'Andoüillers d'un côté que de l'autre.

MAL-MOULU, les fumées des jeunes Cerfs font mal-mouluës ou mal digerées.

MARTELE', ce mot fe dit des fumées parce qu'elles femblent battuës à coups de marteaux par le bout.

MASSACRE, face de la Tête du Cerf avec tout fon bois.

MENE'E, c'eft pour dire qu'un Chien a bonne gorge & la voix hautaine, & bonne grace; ce terme eft plus connu en Normandie qu'ailleurs.

MENUS-DROITS, diverfes parties interieures qui compofent le forhu qu'on attache à la fourche, pour être le dernier falaire des Chiens.

MENER les Chiens à l'ébat, c'eft les mener promener.

MERRAIN, matiere du bois & de la perche.

METTRE-BAS, quitter fon bois. Le Cerf met bas au Printems.

MEULE, racine dure & raboteufe du bois du Cerf.

MEUTE, affemblage de tous les Chiens courants. Les Chiens de Meute font les premiers Chiens qu'on lâche contre le Cerf lancé.

VIEILLE-MEUTE, premier relais donné après la Meute.

MUSE, commencement du rut des Cerfs, leur mufe dure cinq ou fix jours, & pendant ce temps-là ils ne font que marcher, mettre le nez à terre & fentir par où les Biches ont paffé.

MUER, c'est renouveller sa Tête & en changer. Les Cerfs muënt au commencement de Mars, & leur Tête ne se refait que vers la mi-Juillet.

MOUE'E, c'est un mélange du sang du Cerf avec du lait & du pain coupé qu'on donne aux Chiens à la curée.

MUFLE, c'est le bout du nez des bêtes fauves.

N.

NAPPE, la peau du Cerf.

NERF du Cerf, c'est son membre.

NOEUDS, on dit les fumées sont en nœuds, pour dire qu'elles sont formées.

NOEUDS, morceaux de chair qui se lévent aux quatre flancs du Cerf.

NOUE', les fumées des Cerfs sont noüées au mois d'Aout.

O.

ORDRE, ce mot se dit pour marquer l'espece & les qualités des Chiens ; on dit un bel ordre de Chiens.

Os du Cerf, ce sont ses Ergots & ce qui forme sa jambe jusqu'au Talon : donner des Os en terre. D'abord que le Cerf fuit il donne des Os en terre.

OURVARY, cry pour obliger les Chiens à retourner lorsque le Cerf fait un retour.

P.

PAREMENT du Cerf, chair rouge qui vient par-dessus la venaison du Cerf des deux côtés du corps.

PASSE'E, lieu où le Cerf a passé.

PELAGE, couleur du poil du Cerf; il est blond, fauve, brun, ou moucheté.

GRANDS-PAYS, grands bois.

PERCER se dit lorsque le Cerf tire de long : on dit aussi le Piqueur perce dans le fort.

PERCHE ou merrain, bois du Cerf qui porte plusieurs Andouillers.

PERLURE, inégalité qui se trouve sur la croute de la perche en forme de grumeaux.

PESER beaucoup, c'est quand une bête enfonce beaucoup ses pieds dans la terre, ce qui marque qu'elle a grand corsage.

PIERRURE, ce qui entoure la Meule en forme de petite pierre, & ce qui forme la fraize.

PINCES, ce sont les deux bouts du pied du Cerf : si elles sont usées c'est signe de vieillesse.

PIQUEURS, Veneurs qui appuyent & suivent les Chiens de près, & conduisent la Meute & la Chasse.

PLATEAUX, fumées ou fiantes que le Cerf rend au commencement du Printems, & pendant qu'il met bas sa Tête : elles sont plates & rondes, & ont encore la forme de bouzarts.

PORTE'ES, traces que le bois du Cerf laisse en passant dans un taillis élevé au moins de six pieds.

PRENDRE le vent se dit quand on prend les devants, ou quand un Chien va lancer le Cerf au vent.

PRENDRE les devants, c'est quand on a perdu le Cerf,

le Cerf, & qu'on fait un grand tour avec les Chiens courants pour le retrouver, en le requêtant.

PRENDRE son buisson ; le Cerf choisit une pointe de bois au Printems pour se retirer le jour, & aller aisément la nuit aux gagnages ou aux champs.

PILLART, se dit d'un Chien hargneux.

Q.

QUESTER le Cerf, aller en queste, c'est chercher le lieu où le Cerf se repose pendant le jour ; on dit aussi requêter le Cerf pour le relancer.

QUERELLEUR se dit d'un Chien courant hargneux.

R.

RAIRE ou Reer, crier ; les Cerfs rayent quand ils sout en rut.

RABATTRE, on dit le Limier se rabat, & donne une connoissance à celui qui le mene.

RAGE, c'est une maladie qui se prend dans le sang des Chiens : il y en a de six sortes, rage enragée, rage courante, rage efflanquée, rage endormie, ou rage muë, & rage enflée.

RAPPROCHER un Cerf ou le parchasser, c'est faire aller les Chiens doucement tenir la voye d'une bête qui est passée deux ou trois heures auparavant.

RAPPORT, faire son rapport, c'est qnand le Valet de Limier declare à l'Assemblée ses diverses connoissances sur la bête qu'il a détournée.

REGELER, c'est quand le Cerf demeure deux ou trois jours dans son enceinte sans en sortir.

T

Rebaudir les Chiens, leur faire fête, les careſſer.

Refait d'un Cerf, bois qui ſe renouvelle : on dit le Cerf a déja du refait, ſon bois eſt refait.

Refuites, route que le Cerf pourſuivi prend pour échapper aux Chiens ; les Cerfs prennent dans une forêt preſque toûjours les mêmes refuites.

Relais, ce ſont des Chiens qu'on tient en certains lieux dans la refuite des bêtes qu'on court, pour les donner quand la bête paſſe. Le premier relais s'appelle la vieille Meute, le dernier ſe nomme les ſix Chiens, quoiqu'il ſoit compoſé d'un plus grand nombre ; ce ſont ordinairement les plus vieux & les plus ſages.

Il y a un relais preſentement qu'on appelle ſeconde vieille Meute.

Relais-volant, c'eſt un relais qui n'eſt point fixé dans un lieu, mais qui coupe & ſuit la Meute pour lui prêter ſon ſecours quand elle en a beſoin ; on fait un relais volant quand on n'eſt pas ſûr de la refuite des Cerfs, & ce ſont toûjours les plus vigoureux Chiens qui les compoſent : on ne s'en ſert chez le Roi que dans le mois de Mai ou de Juin.

Relancer, c'eſt lorſqu'on redonne aux Chiens l'animal qu'on a chaſſé ; on dit auſſi redonner au lieu de relancer.

Relever, on dit relever un défaut, c'eſt retrouver la voye qu'on avoit perduë.

Releve' d'une bête, c'eſt quand elle ſe leve & ſort du lieu où elle a demeuré le jour pour aller repaître.

Rembuchement, rentrée du Cerf au fort.

Rembucher, rentrer dans le bois & dans le fort.

Remontrer, c'eſt donner connoiſſance de la bête qui eſt paſſée.

RENCONTRER, trouver une voye ; le Limier rencontre.

RENDEZ-VOUS, lieu de l'Assemblée indiqué à tout l'équipage.

RENDONNE'E, c'est quand après que le Cerf est donné aux Chiens, il se fait chasser dans son enceinte & tourne deux ou trois tours à l'entour du même lieu, & qu'après cela il prend son parti d'aller bien loin ; ce que le Veneur nomme une bonne rendonnée.

REPOSE'E, lit ou chambre, c'est le lieu où le Cerf rentré le matin se tient couché sur le ventre pour y demeurer & dormir pendant le jour.

REQUESTER, rechercher une seconde fois le Cerf où il est.

RESSUY, le Cerf mouillé le matin de la rosée se séche au soleil levant, avant de rentrer dans le bois & de prendre sa reposée.

RETOUR, c'est quand le Cerf revient sur lui-même, c'est-à-dire sur les mêmes voyes.

RETRAITE, on dit sonner la retraite pour faire retirer les Chiens.

REVENU de Tête, c'est quand la Tête nouvelle du Cerf est toute revenuë.

REVOIR d'un Cerf ; on en revoit par le pied, par les fumées, par les abbatures, par les portées, par les foulées, par le frayoir, & par les rougeurs.

ROUGEUR, on en revoit par les rougeurs, c'est-à-dire par le sang que le bois refait laisse aux branches.

RIDES, ce terme se dit des fumées : les fumées des vieux Cerfs sont ridées.

ROBBE, couleur du poil d'un Chien ; ce Chien a une belle robbe.

Rompre les Chiens, les empêcher de suivre une bête.

Route, c'est un grand chemin dans les bois; on dit le Cerf va la route.

Roue'es, ce sont les Têtes du Cerf, serrées & peu ouvertes.

Rut, amour des Cerfs; les Cerfs entrent en rut au commencement du mois de Septembre, & le finissent à la mi-Octobre; ils n'y sont chacun que trois semaines, ce sont les vieux Cerfs qui y entrent les premiers.

Ruse, le bout de la ruse, c'est quand on trouve au bout du retour qu'a fait le Cerf, que les voyes sont simples, & qu'il s'en va & perce.

Ruser, c'est quand le Cerf va & vient sur les mêmes voyes à dessein de se défaire des Chiens.

S.

Sentiment, c'est quand un Chien sent le vent de la voye.

Separer les quêtes, c'est distribuer aux Valets de Limier une forêt par cantons pour y aller détourner un Cerf.

Sole, fond du Pied du Cerf, ou milieu du dessous du Pied.

Sonner, on dit sonner de la trompe, sonner la retraite, sonner du gros-ton, sonner du grêle.

Sur-aller, c'est quand un Limier ou Chien courant passe sur les voyes sans se rabattre, ou sans rien dire.

Sortir du fort, c'est une bête qui débûche de son fort.

Spe'e, c'est un bois d'un an ou deux.

Suivre, c'est quand un Limier suit les voyes d'une bête qui va d'assurance : car quand elle fuit c'est là chasser.

Sur-Andouiller, c'est un Andouiller plus grand que les autres, qui se trouve à la Tête de quelques Cerfs.

Sur-neige'es, ce sont les voyes où la neige a tombé.

Surplues, ce sont celles où il a plû.

T.

Talon, le Talon est au haut du Pied du Cerf; il sert à distinguer son âge. Dans les jeunes Cerfs le Talon est éloigné de quatre doigts des Os, ou autrement des Ergots. Dans les vieux Cerfs il joint presque les Os : plus il en approche, plus le Cerf est vieux.

Tayau, cry à la vûë du Cerf.

Tems, on dit en revoir de bon tems, pour marquer que la voye est fraîche & de la nuit.

Tenir la voye; on dit ce Chien tient bien la voye, pour dire qu'il la suit.

Tenir les abois, c'est quand le Cerf s'arrête & tient contre les Chiens, les attaque & les blesse.

Teste, cela s'entend du bois de Cerf : on dit une Tête bien née.

Teste portant trochures, Têtes qui portent trois ou quatre chevilles, Andouillers, ou épois à la sommité de leur bois.

Teste enfourchie, Tête dont les dards du sommet font la fourche. On dit aussi Tête bien chevillée.

Teste paumée, c'est celle dont la sommité s'ouvre

& repreſente les doigts & la paume de la main.

Teste couronnée, c'eſt celle dont les cors font une eſpece de couronne; on en voit peu en France de cette eſpece.

Tirer de long, c'eſt quand le Cerf va ſans s'arrêter.

Tirer ſur le trait, c'eſt quand le Limier trouve la voye & veut avancer.

Tirez Chiens, tirez, c'eſt le terme pour faire ſuivre les Chiens quand on les appelle.

Torches, ce terme ſe dit des fumées; les fumées font en torches, & veulent ſe détacher; c'eſt-à-dire, qu'elles ſont à demi formées.

Trait, c'eſt la corde de crin qui eſt attachée à la botte du Limier, & qui ſert à le tenir lorſque le Veneur va au bois.

Trompe, Cor de Chaſſe, il y en a de petits & de grands.

Ton pour Chiens, c'eſt le gros ton.

Toucher au bois, c'eſt quand le Cerf veut ôter la peau veluë qu'il a ſur ſon bois.

Trolle, c'eſt ce qui ſe fait quand on n'a pas détourné une bête, & qu'on découple les Chiens dans un grand pays de bois pour la quêter & la lancer.

V.

Valet de Limier, c'eſt celui qui va en quête d'un Cerf, le détourne & le laiſſe courre: dans le Poëme on l'appelle Quêteur.

Valet de Chiens, c'eſt celui qui mene les Chiens de Meute ou des relais: dans le Poëme on l'appelle Conducteur pour éviter d'employer en vers le mot bas de Valet.

VA-OUTRE, c'eſt le terme dont ſe ſert le Valet de Limier lorſqu'il allonge le trait à ſon Limier, & le met devant lui pour le faire quêter.

VAINES ſe dit des fumées legeres & mal preſſées.

VAY-LA, c'eſt le terme dont on arrête le Limier qui a rencontré, pour connoître s'il eſt ſur la voye. *Sal.*

VEL-CY-ALLE', terme du Valet de Limier lorſqu'il parle à ſon Chien pour l'obliger à ſuivre la voye quand il en a rencontré.

VENAISON, graiſſe de Cerf. C'eſt le tems qu'il eſt meilleur à manger, & qu'on le force plus aiſément: ce ſont les Cerfs de dix cors & les vieux Cerfs qui ont plus de venaiſon.

VUE, chaſſer une bête à vûë.

VIANDIS, manger du Cerf: le Cerf fait ſon viandis dans les gagnages.

VOL-CE-LETZ, c'eſt un terme dont on ſe ſert quand on revoit du Cerf qui va fuyant, & qui ouvre les quatre pieds.

VOYEZ & revoyez, c'eſt quand on montre du pied de la bête pour en faire revoir.

VELCY REVARY VOLCELETS ſe dit d'un Cerf qui ruſe, & qu'on voit revenir ſur ſes mêmes voyes.

FIN.

NOUVELLE CHASSE DU CERF,
DIVERTISSEMENT EN MUSIQUE;

Composé de plusieurs Airs parodiés sur les Opera d'Angleterre : avec différentes Symphonies étrangeres.

AVERTISSEMENT.

APRE´S avoir célébré les Dons des Enfans de LATONE, & en avoir relevé les avantages en particulier, il semble qu'il manqueroit quelque chose au dessein qu'on s'est proposé, si on ne faisoit encore connoître que les Jeux de DIANE peuvent être revêtus de toutes les graces de l'Harmonie.

L'idée n'en est pas nouvelle; elle a paru avec succès dans le Divertissement de la Chasse du Cerf imprimé chés Ballard il y a plus de vingt-cinq ans; cependant elle mérite icy sa place par l'assemblage heureux qu'elle forme, & des Dons d'APOLLON, & de ceux de DIANE: mais comme il auroit été peu convenable de faire reparoître une Piece si universellement connuë, on a cru que la même main dont étoient sorties les paroles de la premiere Chasse, devoit encore s'efforcer d'en faire une nouvelle, d'autant plus qu'en même tems l'idée est venuë d'offrir aux personnes qui pouvoient dans la suite entendre cette seconde Chasse, un genre de nouveauté en Musique si différent, qu'elle ne pourroit diminuer le prix ni balancer la réputation acquise à la Musique de M. Morin auteur de la premiere.

L'objet de ce Divertissement nouveau ne différe donc en rien du premier par rapport au sujet : l'un & l'autre ne tendent qu'à représenter d'une maniere simple & naturelle l'action & toutes les opérations de la Chasse de Cerf, depuis le moment du Reveil jusqu'après la Mort du Cerf. Tous deux ne forment qu'une même image : toute la différence qu'il y a entr'eux, ne consiste que dans la composition de la Musique. Il n'y a dans cette seconde Chasse que les seuls Recitatifs, qui font la liaison de l'action, & les Chœurs, qui soient composés par un auteur François : toutes les Symphonies sont étrangeres, tirées de différens auteurs Italiens connus, & tous les Airs chantans sont parodiés sur un nombre d'Airs choisis dans les Opera d'Angleterre de la composition de M. Hendel.

Le mérite de ce sçavant auteur est connu dans toute l'Europe, & la couronne qu'il a reçuë l'année derniere de la main des plus illustres Anglois, le met au dessus de tout éloge. Comme sa composition infiniment sage & gratieuse semble s'approcher de notre goût plus qu'aucune autre, dans le principe où l'on est que tout ce qui est essentiellement bon en Musique doit le paroître tel à toutes les nations sensées, on a voulu faire l'essay de voir si les paroles Françoises mises avec exactitude pourroient sous un masque étranger recevoir encore de nouvelles graces. Mais il seroit

AVERTISSEMENT.

inutile d'en dire davantage, puisqu'il ne s'agit point quant à préfent de la Mufique dont la façon finguliere n'a été imaginée que dans la vûë d'un amufement particulier; il n'eft queftion que des paroles qu'on a jugé être une dépendance du corps de cet Ouvrage; & l'on n'a expofé en paffant ce détail, que dans la penfée de juftifier les motifs qui ont porté à faire une feconde Chaffe dans le tems qu'il y en avoit une premiere reçûë depuis long-tems fi favorablement du Public.

PERSONNAGES.

Diane.

Phiale'.

Psecas.

Nephele, Nymphe qui détourne le Cerf.

Choeur de Nymphes.

Comus, Dieu des Festins.

Suivans de Comus.

La Scêne est dans la Vallée de Gargaphie.

NOUVELLE CHASSE DU CERF.

SCENE PREMIERE.

DIANE.

Le Reveil.

'Ombre fuit, l'Aurore est belle,
Accourez, Nymphes des bois :
La Victoire vous appelle,
Pour couronner vos exploits.

Vous à qui ma faveur révelle
Du plus noble des Arts les doux enseignemens,

Que le prix éclatant d'une gloire nouvelle
    Redouble vos empreſſemens.
    Un jeune Roy qui de la Terre
    Doit un jour combler les ſouhaits,
    Sous une image de la Guerre
De mes ſçavants travaux cherira les attraits;
    Dévoilez lui tous mes ſecrets.
    L'ombre fuit, &c.

SCENE SECONDE.

DIANE, PHIALE, PSECAS, CHOEUR
de Nymphes.

CHOEUR de Nymphes.

    Que tes jeux ſont charmans,
Qu'ils ſont ſuivis de plaiſirs & de gloire!
    Que tes jeux ſont charmans!
Non, rien n'égale tes amuſemens.
    Les plus tendres amans
Vantent envain leur folle victoire.
    Que tes jeux, &c.

    De nouvelles faveurs
Viennent ſans ceſſe combler nos cœurs,
    Sous ton empire
On ne ſent que des douceurs:
    L'air qu'on reſpire
    N'a jamais de rigueurs,
Les Vents & toutes leurs fureurs

Semblent toûjours un doux Zephire.
Que tes jeux font charmans,
Qu'ils font fuivis de plaifirs & de gloire;
Que tes jeux font charmans,
Non, rien n'égale tes amufemens.

DIANE.

LE RENDEZ-VOUS.

Ceffez, Nymphes, des Chants qu'infpire votre zéle,
Commençons..... l'heure nous appelle
Au mont prochain où l'on doit s'affembler.
C'eft là que la docte NEPHELE
Se prépare à vous révéler
Les fecrets d'un fort fortuné,
Et vous faire un rapport fidéle
Du Cerf qu'elle aura détourné.
Marchons.... mais je la vois.... vers nous elle s'avance,
Ses pas précipités flatent mon efpérance.

SCENE TROISIE'ME.

Les Acteurs de la Scène précédente, & NEPHELE avec fon Limier.

NEPHELE.

LE RAPORT.

Vers les bois de la Tour, après divers efforts,
Je revoy d'un Cerf de Dix-Cors,

Il marche seul & d'assûrance;
Il sort, puis rentre au fort, & j'en ai connoissance,
J'en revoy partout de la nuit,
Tout m'annonce sa Reposée :
J'ai fait mon Enceinte sans bruit,
A deux cens pas est ma brisée.

Courons, volons sur l'aîle des Zephirs,
Notre ennemi repose
Au gré de nos desirs :
Après mille soûpirs
Tout rit, tout se dispose
A nous assûrer des plaisirs.

L'adorable Déesse,
Qu'inspire la Sagesse,
Doit conduire nos pas ;
Et nous verrons sans cesse
De nos charmans combats
Eclore de nouveaux apas.
Courons, volons, &c.

SCENE QUATRIEME.

DIANE, PHIALE', PSECAS, NEPHELE,
COMUS *Dieu des Festins*, & *sa Suite.*

DIANE.

Mais que vois-je ? COMUS s'avance,
Il va vous présenter ses mets délicieux ;

Goutez-en les douceurs : le vin & l'abondance
Sont les plus beaux préſens des Dieux.

COMUS.

LE DE'JEUNER.

De BACCHUS à l'envi chantés la gloire,
Quel plaiſir peut valoir celui de boire ?
Que chacun le verre en main,
Verſe de ce Vin.
Jus aimable,
Délectable,
C'eſt à toi d'animer leurs jeux;
Tu rends audacieux,
Ce n'eſt que par tes feux
Qu'on eſt victorieux.

Le Nectar qu'on boit dans les Cieux,
Ne doit point faire envie,
Les inſtans de la vie,
Où l'on boit ce Vin délicieux,
Font couler dans une ame ravie
Des plaiſirs plus prétieux,
Que la félicité des Dieux.
De BACCHUS à l'envi, &c.

PHIALE'.

Regne, BACCHUS, dans mon ame.
Pardonne-moi ſi ta flâme
Fait naître l'amour dans mes yeux,

V ij

Tu n'en eſt pas moins glorieux;
Je lance ſes traits en tous lieux,
Et jamais ce Dieu ne m'enflâme.

PSECAS.

Non, non, non, ſans le Vin,
Il n'eſt point d'heureux deſtin.
Sans ſon ſecours & ſans ſes armes,
On forme envain des vœux.
Tout languit ſans ſes feux,
Il triomphe du ſort malheureux.
Dans les larmes,
Dans les allarmes,
Il appaiſe nos maux;
Il ſoûtient nos travaux,
Et prépare un repos
Rempli de charmes.
Non, non, non, ſans le Vin,
Il n'eſt point d'heureux deſtin.

NEPHELE.

A jamais chantons la gloire,
Chantons la victoire
Du Dieu du Vin.
Il triomphe de l'humeur noire,
Il enchaîne le chagrin.
A jamais chantons la gloire,
Chantons la victoire
Du Dieu du Vin.

PSECAS & COMUS, *à deux.*

Triomphez, Puissant Dieu de la Table,
A jamais regnez dans les cœurs.
A leurs }
A nos } Jeux rendez-vous favorable,
Loin de nous }
Et loin d'eux } écartez les malheurs.
Triomphez, Puissant Dieu de la Table,
A jamais regnez dans les cœurs.

SCENE CINQUIEME.

DIANE, *les Acteurs de la Scène précédente* &
CHOEUR *de Nymphes.*

DIANE.

ORDRE POUR LES RELAIS.

Qu'en trois égales parts la Meute divisée,
A se prêter secours se tienne disposée ;
  Qu'un Relais marche vers le Mont,
Que l'autre du Marais aille occuper le fond :
Suivons NEPHELE.... allons.... frapons à ses brisées,
Je les vois, arrêtons.... C'est assés en Revoir.
  Qu'à jamais soient prisées
  Les lumieres de son sçavoir.

LE LAISSE'-COURRE.

 Donnez les Chiens dans l'Enceinte,
Les momens font prétieux;
Que le Cerf faifi de crainte,
Soudain bondiffe à vos yeux.

CHOEUR.

LA VUE DU CERF.

 Tayau, Tayau, Tayau,
Fanfare, Fanfare,
Ce jour nous prépare
Le fort le plus beau.

NEPHELE.

 Allez mes Toutous,
Allez, allez tous,
Vel-cy hâtez-vous,
Allez mes Toutous:
Celer & Vîteffe,
Superbe, Brehaut,
Concorde, Gerfaut,
Silvaut & Radreffe,
Allez mes Toutous,
Allez, allez tous.

CHOEUR.

LA CHASSE.

> Y perce çavant,
> Ah çà va là-haut.

NEPHELE.

DEFAUT.

> Ourvary, auretour,
> Irvient à la Tour.

DIANE.

DEFAUT RELEVE'.

> Ourvary, Volslets,
> Donnez les Relais,
> Acoute à Bréhaut,
> Tout à Murmuraut,
> Ourvary, Volslets.

CHOEUR.

SECONDE VUE DU CERF.

> Tayau, Tayau, Tayau,
> Fanfare, Fanfare,
> Ce jour nous prépare
> Le fort le plus beau.

NEPHELE.

Il gagne la Plaine.
Courons, je le vois,
Il n'a plus d'haleine,
Il est aux Abois.

CHOEUR.

L'HALALI.

Halali, victoire,
Quel plus noble prix ?
O jour plein de gloire !
Notre Cerf est pris.

SCENE SIXIEME, & Derniere.

TOUS LES ACTEURS.

MORT DU CERF.

PSECAS *présentant le Pied du Cerf à* DIANE.

L'éclat de votre préfence,
Vos foins, & votre affiftance
Rempliffent tous nos fouhaits;
Regnez, Déeffe, à jamais.

CHOEUR.

L'éclat de votre préfence,
Vos foins & votre affiftance
Rempliffent tous nos fouhaits;
Regnez, Déeffe à jamais.

PSECAS.

Chantons votre fier courage,
Daignez recevoir l'hommage,
Qu'après tant de faveurs,
Vous offrent nos cœurs.
Le Chœur répete ces quatre Vers.

PHIALE.

C'eft dans l'heureux fein des forêts
Qu'on goûte des biens parfaits ;
L'ennuy, les foins, les regrets,
N'y troublent point la paix.

Sans crainte de l'orage,
Sans trouble & fans foûpirs,
Des tendres cœurs nous voyons le naufrage ;
Parmi les Ris, les Jeux, & les Plaifirs,
Nous comblons nos defirs.
Nos jours brillans de gloire,
Et nos travaux fortunés
Sans ceffe font couronnés
Des mains de la Victoire.
C'eft dans l'heureux, &c.

DIANE.

En tous lieux aux mortels l'Amour livre la guerre,
Il bannit la Paix de la terre;
Fuyez sa barbare loi,
A son nom seul tremblez d'effroi.

Dans sa flâme il mêle la rage,
Rien ne sçauroit briser ses fers,
Tout retentit du ravage,
Dont il remplit l'Univers.
En tous lieux, &c.

PSECAS.

Volez, volez, brillans Zephirs,
Annoncez nos charmans plaisirs;
Et qu'à nos doux accens l'Echo réponde.

Sur la terre & sur l'onde
Allez vanter nos Jeux,
Et nos succès heureux,
Au bout du monde.
Volez, volez, &c.

CHOEUR.

Halali, victoire,
Quel plus noble prix?
O jour plein de gloire!
Notre Cerf est pris.

FIN.

TABLE

DES AIRS A CHANTER, AVEC Violons, *compris dans la* CHASSE *du* CERF.

L'Ombre fuit.
Courons, volons.
De Bacchus à l'envi.
Bacchus, tu charmes mon ame.
Non, non, fans le Vin. } HENDEL.
A jamais chantons la gloire.
Triomphez, Puiffant Dieu, *Duo*.
L'éclat de votre préfence.
L'Amour livre aux mortels.

Volez, tendres Zéphirs.   FAGO, Napolitain.
Que tes Jeux font charmans, *Trio*.   2. L. de Son. LE CLAIR.

PARODIES
SUR
LES FANFARES.

AVIS AU LECTEUR.

ON avertit que les Auteurs des Parodies, pour étendre leurs penſées, ont jugé à propos dans la plûpart des Fanfares de faire doubles Paroles ſur la premiere partie de l'Air, au lieu de répéter les mêmes. Ils en ont uſé ainſi dans celles qui finiſſent en Rondeau; c'eſt à quoy on doit prendre garde en les chantant.

PARODIES

FAITES PAR DIFFERENS AUTEURS sur les Fanfares de M. de Dampierre, & sur quelques autres, tant anciennes que nouvelles.

LA REINE. *Voyez les Fanfares gravées, p.* 4.

Est-il quelqu'un sur la terre,
Qui ne chasse point à son tour ?
C'est l'image de la Guerre,
De la Fortune, & de l'Amour.

Chaque objet qui se présente,
En retrace les passetems ;
Quelle Chasse est plus ardente
Que celle des jeunes Amans ?

Le Flateur au cœur perfide,
Court sans cesse après la faveur;
Et le Guerrier intrépide
Ne court-il pas après l'honneur ?

L'Orateur ne met sa gloire
Qu'à courir après de grands mots,
Et pour chasser l'humeur noire
Le Bûveur court après les pots.

Il est plus d'une Méthode
Pour goûter de divers plaisirs,
Et chacun court à sa mode
Après l'objet de ses désirs.

LA DISCRETE. *Page 5.*

Amis bûvons, le Vin est frais,
Quelle abondance de bons Mets !
Des yeux brillans & pleins d'attraits
Dans ces lieux lancent mille traits,
Bacchus y prend leurs interêts,
Ses feux sont de puissans aprêts,
Quand on est plein de ses bienfaits
L'Amour triomphe à peu de frais.

LA DAUPHINE. *Page 5.*

Enfin Louis
Voit naître un Fils,
Quelle Conquête
Vaut un tel prix ?
Pour nos Concerts
Que tout s'aprête,
C'est la Fête
De l'Univers.

LA LOUISE ROYALE. *Page 6.*

On voit sur nos Montagnes
Pour fuïr les traits de l'Amour
Diane & ses Compagnes

Chasser

Chaffer tout le long du jour ;
S'il s'en trouvoit quelqu'une,
Qui s'égarât la nuit,
J'irois tenter fortune,
Et chaffer à petit bruit.

LA ROYALE. *Page 8.*

Sous ces épais feüillages,
Diane & l'Amour ont tendu leurs filets;
Ils vont mettre en ufage
Les plus dangereux de leurs traits.
Diane avec fes armes,
Détruit les plus fiers habitans des forêts ;
Et l'Amour par vos charmes,
Jeunes Beautés, nous enchaîne à jamais.

Second Couplet pour le Laiffé-courre.

Louis vient de paroître,
Déjà les Chaffeurs fuivent de toutes parts,
On reconnoît leur maître
A la douceur de fes regards ;
Les Graces attentives,
Penfent retrouver Adonis en ce jour ;
Les Nymphes moins craintives,
Quittent les bois pour augmenter fa Cour.

X

LA SAINT-HUBERT. *Page* 11.

Partons, l'Aurore naiſſante,
Du plus beau jour
Nous promet le retour.
Pour plaïre au Roy notre ardeur augmente,
Et de nos ſoins
Ses yeux ſont les témoins.
La Chaſſe fait en tout tems ſes délices,
Peut-il goûter un plus noble plaiſir?
C'eſt par les plus pénibles exercices
Qu'un Heros peut occuper ſon loiſir.

LA FONTAINEBLEAU. *Page* 12.

Du Dieu qui vous appelle,
Pouquoy fuyez-vous la voix?
Iris, ſoyez fidelle,
Après avoir fait un choix.
Diane a pu ſans crime,
Ceder aux tendres loix;
C'eſt un droit légitime,
On doit aimer une fois.

LA COMPIEGNE. *Page* 12.

Bacchus eſt de la vie
La douceur & le ſoûtien;
Sans lui tout nous ennuye,
Par lui les maux ne ſont rien.
Son jus même en la Brie,
Juſqu'aux Cieux eſt élevé;

La disgrace infinie
N'est que d'en être privé.

L'ANJOU. *Page* 13.

Courons, volons, joignons nos voix,
  Le Cerf est prêt à se rendre ;
Je le vois, il est aux abois,
  Il ne peut plus se défendre.
Nous triomphons, quel noble prix !
Ah ! c'en est fait : le Cerf est pris.

LA CHANTILLY. *Page* 13.

  Ces jardins où regne Flore,
  Ces berceaux, ces ombrages vers,
  Sans vous, Nymphe, que j'adore,
  Me paroissent d'affreux deserts ;
  Je languis même à la Chasse,
Sans sçavoir où je porte mes pas ;
  Et laissant le Cerf qui passe,
  Je ne cours qu'après vos appas.

LA SILVIE, ou la Petite Chantilly. *Page* 14.

  Dans cet aimable séjour,
  Je cours & bois tour-à-tour ;
  Mais la bouteille & la Chasse
  Ne m'occupent que le jour.
  Dans cet aimable séjour,
  Je cours & bois tout-à-tour.

Je mets le souverain bien
A ne me refuser rien.
Nul souci ne m'embarasse,
Je prens le tems comme il vient.
Je mets le souverain bien
A ne me refuser rien.

    C'est ainsi pour vivre heureux,
Qu'on doit partager ses vœux.
Avant que l'âge nous glace,
Bûvons, soyons amoureux.
C'est ainsi pour vivre heureux,
Qu'il faut partager ses vœux.

    Amis, dans ce jus divin,
Consultons notre destin.
Joüissons du tems qui passe,
L'avenir est incertain.
Amis, dans ce jus divin,
Consultons notre destin.

LA CONTY. *Page* 14.

Qui trouble la paix de ces bois?
    Diane fuit & soûpire :
J'entends du Dieu Pan les Hautbois,
    Où court l'amoureux Satyre.
  Que vois-je ? O Dieux ! c'est mon Iris,
Qui mêne ici les Graces & les Ris ;
  De tant d'attraits l'Amour épris,
Pour l'adorer abandonne Cypris.

LA REMBOUILLET. *Page* 14.

Pour Monsieur le Comte de TOULOUSE *Grand Amiral & Grand Veneur de France.*

Neptune en son empire
Me fait dispenser ses loix,
Diane qui m'inspire,
Ne parle que par ma voix.
Sur la terre & sur l'onde
Par eux je sers un Grand Roy,
J'irois au bout du monde
De son nom porter l'effroy.

LA DOMBES. *Page* 15.

Vos yeux font naître en mon ame,
Belle Iris, une vive ardeur :
Mais faut-il que tant de flamme
N'ait point sa source en votre cœur ?
Ah ! ne donnez plus d'amour,
Où prenez-en vous-même à votre tour.

LA PETIT-BOURG. *Page* 15.

Dans ce sejour
Les cœurs sont tranquilles,
On y rit la nuit & le jour ;
Et si l'Amour
Vient dans ces aziles,
Ce n'est que pour faire sa cour.
Il y fait briller les charmes

De cent beautés qu'il flatte tour-à-tour,
Dans un détour
S'il lance ses armes,
Il se cache & fuit sans retour.

L'AZUR. *Page* 16.

Allons, amis,
Le Cerf est pris;
Qu'à nos voix
Tout réponde en ces bois. *Fin.*
Nous fuyons tous un honteux loisir,
Nos travaux font pour nous la moitié du plaisir.
Allons, amis, &c.

Chantons, amis,
Le Cerf est pris,
A longs traits
Bûvons de ce vin frais. *Fin.*
Pour nous l'amour n'est qu'un passetems,
Nous sentons ses plaisirs & jamais ses tourmens.
Chantons, amis, &c.

LA CHARLOTTE. *Page* 16.

Le vin, l'amour, & la Chasse
Partagent notre loisir,
Jamais le choix du plaisir
Ne nous embarrasse,
Et notre raison fait place
Au premier desir.

L'ASINIERE. *Page* 17.

Je fçais enfler,
Renifler,
Redoubler
Mes fons;
Ecoûtez mes Chanfons,
Vous Cornailleurs, Ignorans, Fanfarons,
Venez de moy prendre des leçons.

LA DAMPIERRE. *Page* 18.

Pour M. de Dampierre, Gentilhomme des Plaifirs du Roy, Auteur des Fanfares qui fervent de Signaux à la Chaffe.

Quel fort a plus de gloire?
Mes jours confacrés aux plaifirs de mon Roy,
Par des Chants de victoire,
Lui prouvent mon zéle & ma foy.
L'ardeur qui pour lui m'anime,
Sans ceffe de mes fons fait retentir les bois;
Par eux Diane exprime
Et fes volontés & fes loix.

LES LOGES DE S. GERMAIN. *Page* 19.

Tantôt Iris
Par un doux fouris,
Contraint mon cœur à fe rendre;
Tantôt Bacchus
Eteint dans fon jus

Les feux du Fils de Venus.
Chers amis, quel party prendre ?
Tous deux semblent m'offrir
Le vrai plaisir.
Il faut les unir :
Qui fuit un des deux
Ne sçauroit vivre heureux.
Tantôt Iris
Par un doux souris
Contraint mon cœur à se rendre,
Tantôt Bacchus
Eteint dans son jus
Les feux du Fils de Venus.

LES SENTIERS D'AVON. *Page 20.*

Dans nos bois
On n'entend plus le doux son des Musettes,
Dans nos bois
Du tendre Amour on méprise les loix.
Ce Vainqueur,
Sans la constante ardeur
Des Rossignols, des tendres Fauvettes,
Ne regneroit plus que dans mon cœur.

LA PETITE CHASSE de MOURET. *Page 21.*

Iris, tu regnes sur mon ame,
Je crois que la tienne est à moy ;
Cent fois j'ay reçû tes sermens & ta foy.
Mais si jamais une autre flame
Te donnoit un nouveau Vainqueur,

Ma main de fureur
Arracheroit ton cœur
Du fein perfide de ton Ravisseur.

LA BOURGEOIS. *Page 22.*

Bûvons à taſſe pleine,
Contre du vin frais
L'Amour n'a point de traits.
Pour oublier Climene,
Ce jus a meuri tout exprès.
Loin d'en être jaloux,
Plus elle eſt volage & plus je boiray de coups.
Bûvons juſqu'à démain,
Fût-ce à mon Rival, je boiray tout plein.

LA MITILDE. *Page 23.*

Diane, fous ton empire,
Tu fais goûter les biens les plus parfaits;
Bacchus avec toy conſpire
Pour nous combler de bienfaits,
Par une douce victoire
Le jour nous couronne de gloire,
La nuit paſſée à bien boire,
Termine enfin tous nos ſouhaits.

LE TAMBOURIN. *Page 24.*

Bûvons, Amis, bûvons toûjours,
Bacchus nous offre un puiſſant ſecours;
Des peines pour finir le cours,

Y

A son jus ayons recours.
Ses feux redoublent tous les jours
Tous les autres plaisis sont trop courts,
Par lui les cœurs se rendent sourds
Au fol attrait des Amours.

LA DIANE. *Page* 24.

Soupçons, soins, allarmes,
Nous ne sentons point la fureur de vos coups;
Les graces, les charmes
Habitent sans cesse avec nous.
Nos ames constantes
Des plus durs travaux se font des jeux.
Aux peines chamantes
Succede un repos heureux.

L'ANONYME. *Page* 24.

Dans ce charmant azyle
A Bacchus, à l'Amour,
On peut faire sa Cour.
Quand on y sert Bacchus, tout est doux & facile;
Mais j'y trouve l'Amour trop fier & trop mutin:
Chers Amis, croyez-moy, n'y prenons que du vin.
N'y prenons, n'y prenons que du vin.

TONS DE CHASSE
ET
FANFARES
A
UNE ET DEUX TROMPES.

TONS

TONS DE CHASSE ET FANFARES

A une et deux trompes composées par Mr. de Dampierre, gentilhomme des plaisirs du Roy pour faire connoître aux Veneurs le Cerf que l'on court, ses divers Mouvemens, les différentes opérations de la Chasse, et le lieu ou l'Occasion où les dites fanfares ont été faites.

TON POUR LA QUETE

Que l'on doit sonner quand on a découplé les Chiens pour lancer le Cerf.

2.   TON POUR CHIEN
Que l'on Sonne pendant que les Chiens Chassent.

AUTRE TON POUR CHIEN
Que l'on Sonne comme le precedent.

POUR L'APPEL

3.

POUR LA REQUETE
OU
LE DEFFAUT.

LE FORHU

Pour remettre les Chiens dans la bonne voye, et pour le hourvary

FANFARES

Que l'on ne doit Sonner qu'à la veüe du Cerf.

LA REINE

Faite a l'occasion de son mariage: on la Sonne pour marquer qu'on court un Daguet.

LA DISCRETE 5.

Faite apres la petite verolle du Roy: elle annonce un Cerf a sa seconde tête.

LA DAUPHINE

Faite à l'Occasion de la Naissance de Monsieur le Dauphin pour marquer un Cerf à sa 3.e tête.

6.   • LA LOUYSE

ROYALLE.

Fanfare faite par le Roy lui mesme

a Fontainbleau: on la Sonne pour le

Cerf as a quatrieme

LA PETITE ROYALLE. 7.

Elle se sonne dans le cas du Cerf de dix cors Jeunement et l'autheur a jugé a propos de la faire plus courte pour la facilité des Veneurs en galoppant on la peut Sonner a deux trompes du même ton.

8. *LA ROYALLE*

A deux trompes faite pour le Roy la premiere fois qu'il courut le Cerf dans le bois de Boulogne, elle annonce un Cerf de dix cors.

POUR LE DEBUCHÉ 9.

Cette fanfare signifie que le Cerf change
de refuite pour aller d'une forest a
une autre

POUR L'EAU.

Cette fanfare signifie que le Cerf donne
a l'eau ou qu'il bat l'eau.
Et le second couplet de la même marque que le Cerf en sort.

10. *LE LAISSES*

COURRE ROYAL

Faite à l'Occasion d'un Cerf a sa 3.e teste detourné à la boixiere par le Roy luy même: il fut pris et la tête mise dans la galerie des Cerfs à fontainbleau: le jour et l'Année y sont marques.

POUR L'HALALI

LA RETRAITE
mise en fanfare

LA SAINT HUBERT
On ne la Sonne que ce jour la seulement

L'ANJOU 13.

Fanfare faite dans le temps de la naissance de Monsieur le Duc d'Anjou.

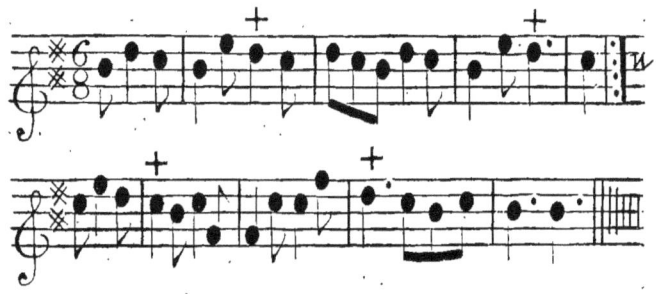

LA PREMIERE CHANTILLY

LA DOMBES

LA PETITBOURG

Faite la premiere fois que le Roy alla a Petitbourg.

LA MARQUIZE

L'ASINIERE

20 *LES*
SENTIERS
D'AVON

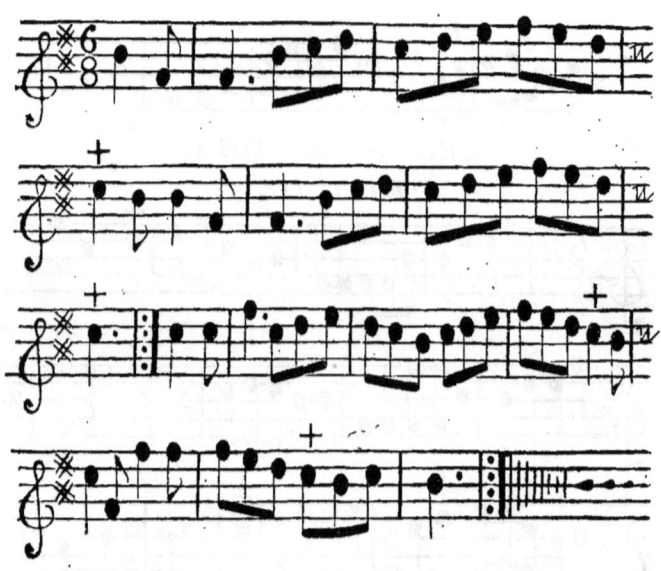

PETITE CHASSE
de Mouret

LA BOURGEOIS

22. *a 2. trompes.*

Fanfares nouvelles
LA MITILDE

26. *NOUVELLES*
Fanfares a deux trompes pour Sonner en concert pendant la Curée.
Composées par M.̃ Morin.

28.

30.

REMARQUES SUR LA MUSIQUE.

(a) De l'Echelle Harmonique étalent les Degrés.

Les huit tons dont le dernier n'est que la repetition du premier, et qui composent l'Echelle de la Musique qu'on appelle Octave, se nomment Ut, Re, Mi, Fa, Sol, La, Si, Ut, soit en montant, soit en descendant.

Exemple

[musical notation: ut re mi fa Sol la si ut | ut si la Sol fa mi re ut]

(b) Les Notes qui plus loin transgressent cette Enclave.

L'Etendue de la voix n'est ordinairement que de 14 ou 15 tons, Les Instruments peuvent avoir 2, 3, ou 4, Octaves, mais elles ne sont toutes que la repetition de la premiere Octave, portent les mêmes noms et sont vulgairement apellées des repliques.

REMARQUES

(c) Les Tons egalement ne sont pas divisés.

Dans le cours de l'Octave il se trouve toujours deux semitons ainsi qu'il paroît dans l'Octave d'Ut cydessus, Sçavoir du Mi au fa et du Si a l'Ut marqués de Noir dans l'Exemple, les autres s'apellent Tons complets.

(d) Sous deux modes divers en offre l'Ordonnance

La conduite d'un chant se reduit sous deux modes, l'un majeur et l'autre mineur; le mode majeur se reconnoît par la tierce composée de deux tons et qu'on nomme majeure: Et le mode mineur par la tierce mineure qui ne comprend qu'un ton et un semiton, Le ton de C Sol Ut est le modele du mode majeur, et le ton de D La re du mode mineur.

SUR LA MUSIQUE

(c) Prés du flanc de la Notte un diéze placé.

Il y a trois signes de mutation de son, sçavoir le Dieze ainsi marqué ✶ qui éleve la Note qu'il precede d'un semiton, le B mol ainsi marqué b, qui la baisse d'un pareil Semiton, et le b quarré qui par cette marque ♮ met la Note dans son etat naturel.

(f) En tête de la ligne elles doivent s'asseoir.

Les trois Clefs sont des signes qui posées au commencement des lignes déterminent l'ordre de l'Echelle par raport aux voix et aux differend Instrumens. La premiere s'appelle C Sol ut, et se peut mettre sur 4. Lignes a commencer par en bas, la seconde G re Sol se pose sur la premiere et seconde ligne, et la troisieme

REMARQUES

F,ut, fa et se peut mettre sur la troi=
sieme et Quatrieme Lignes.

Exemple

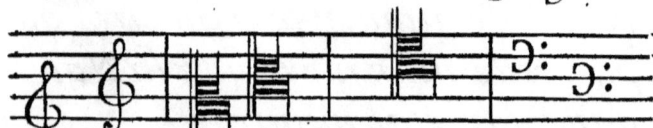

Clef de C Sol ut   de G re Sol   D f,ut fa.

Positions de dessus, de haute contre, de Taille, de Basse.

(9) S'asservissent aux Loix de deux
ou de trois tems.

Quoy qu'il paroisse dans la musi=
que quantité de mesures, elles se redui=
sent toutes a celles de 2 ou de 3 tems.
et n'ont eté imaginées que pour mar=
quer plus précisement le degré de
vitesse ou de lenteur: les signes en
sont simples où composés. Les Signes
simples sont le C. le ₵ barré et le

SUR LA MUSIQUE

chiffre 2: ils marquent la mesure a deux tems: et le chiffre 3. marque celle a trois tems.

Les Signes composés ont deux chiffres l'un sur l'autre, Sçavoir le $\frac{2}{4}$ et le $\frac{2}{8}$ pour la mesure a deux tems et le $\frac{3}{2}$ $\frac{3}{4}$ $\frac{3}{8}$ $\frac{6}{2}$ $\frac{6}{4}$ $\frac{6}{8}$ $\frac{12}{8}$ representent la mesure a 3 tems.

(h) Chaque note avec soy presente sa Valeur.

Les Notes se divisent en ronde, blanche, noire, croche, double croche, et triple croche; & une ronde vaut 2 blanches, une blanche 2 noires, une noire 2 croches, la croche 2 doubles croches et ainsy du reste.

Exemple

ronde blanche noires Croches

doubles Croches

(1) La Note même abſente
a ſa marque et ſes droits
L'abſence de la note cauſe un ſi=
lence, ce silence ſe marque par une meſur
ou pauſe, ou demie pauſe, un ſou=
pir vaut une noire un demi ſoupir
vaut une Croche, un quart de Soupir
vaut une double croche &c
La meſure ſe marque par une
barre perpendiculaire

Exemple

Baton de 4 pauſes, 2 pauſes, d'une pauſe, demie pauſe

Soupir, demi Soupir, quart de Soupir, point

SUR LA MUSIQUE

Le point vaut la moitié de la note
qui le precede.
(k) Leur choc est un accord ou plus
 ou moins facile.
Tous les accords qui entrent dans
la Composition de l'harmonie or=
dinaire sont majeurs ou mineurs et
sont nommés et placés de la mani=
ere suivante.

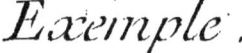

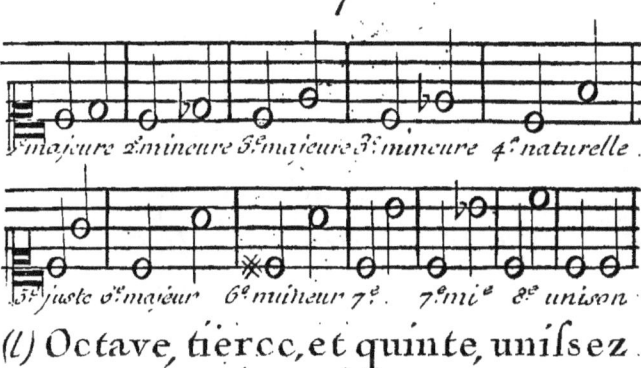

(l) Octave, tierce, et quinte, unissez
 vos attraits.
La Tierce, La quinte, et l'Octave com=

REMARQUES

posent l'accord parfait, la tierce est appelleé médiante et la quinte Dominante, l'une et l'autre Determine le mode, et la tierce le rend Majeur ou Mineur.

(m) Votre corde jamais ne sera trop frequente.

On peut mettre de suite tant de tierces que l'on juge a propos: il n'en est pas de même de la Quinte elle ne peut estre répetée que par mouvement contraire: alegard de l'Octave dans aucun cas elle ne peut l'estre.

(n) La Sixte de la Tierce emprunte l'auantage.

Elle represente quasi la tierce, est comme elle majeure ou mineure et se place de Suite.

(o) La Quarte de son sort incertaine et volage.

SUR LA MUSIQUE

La Quarte est mixte; elle peut estre conso = nante par raport aux par ties superieures, et Dissonante par raport a la Basse.

(p) C'est dans ce lieu sauvage où

Septieme ou Seconde.

La septieme, ou seconde sont deux Dissonantes qui font un grand effet dans l'harmonie quand elles sont preparées et Sauveés.

(q) Ne croyez pas bergers qu'on les doive bannir.

La Composition a deux objets sçavoir la modulation et l'harmo̅nie̅.

La modulation est l'art de composer un chant dans un mode ou octave, et après l'avoir fait passer successivement dans diverses octaves par le secours de la note sensible, de le faire retomber dans

REMARQUES

la finale du mode par lequel la modulation a commencé.

Il y a deux especes de modes, l'un majeur, l'autre mineur. La tierce majeure qui est composée de deux tons comme de l'Ut au Mi rend le mode Majeur : La tierce Mineure qui n'a qu'un ton et un semiton comme du Re au Fa, rend le mode Mineur, et ainsy des autres tons qui se rapportent tous aces deux là.

Mais comme un chant ne seroit point assez varié s'il ne sortoit jamais de C Sol Ut, ou de D La re et du meme mode, il est permis de passer dans une autre Octave ou Majeure ou Mineure, ce passage se fait par le moyen d'un Dieze extraordinaire au mode où l'on

SUR LA MUSIQUE

composé, lequel Dieze devient une note sensible qui conduit necessairement le chant dans le Semi ton audessus de luy, et ce Semi ton sera la nouvelle Octave où entre le chant, ainsy par exemple si en modulant en C Sol Ut on fait entrer dans le chant un Fa ✶ qui ne se trouve pas ordinairement dans l'Octave d'Ut, Ce Fa ✶ fera quitter la modulation d'Ut pour entrer dans le mode de Sol qui est le Semi ton audessus du Fa. et ainsy de touts les autres tons majeurs où mineurs où le Chant peut passer successivement

L'Harmonie est l'art qui enseigne a placer des accords sur ce Chant modulé dans les différentes Octaves, soit pour les voix soit

REMARQUES

pour les Instrumens, ou en les faisant servir d'accompagnement au Chant par les Instruments harmoniques comme le Clavecin le teorbe et autres.

Or il y a une Regle certaine pour placer les acords (a quelques exceptions prés que l'usage seul apprend) Elle consiste a sçavoir ceux qui conviennent a chaque note de l'Octave dans laquelle le Chant module, soit en montant soit en descendant, et soit que le mode soit majeur ou mineur; les deux exemples des mode d'Ut et de celuy de Re qu'on voit cy dessous serviront de modele pour tous les autres modes majeurs ou mineurs qu'on peut trouver

SUR LA MUSIQUE

dans la musique.

La seule difficulté dans la prati=
que est de sentir en accompa=
gnant quand on sort d'un mode.
pour entrer dans un autre afin d'apli
quer la regle a la nouvelle octave, c'est la note sensible qui en
fera appercevoir par le premier
Dieze extraordinaire qui se pre-
sentera dans le Chant, dans la
Basse continüe, ou dans les chif=
fres de l'accompagnement.

Regle de l'Octave
Exemple du Mode Majeur

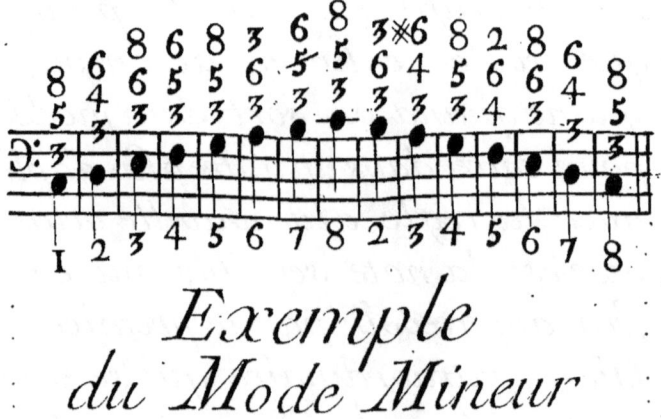

Exemple du Mode Mineur

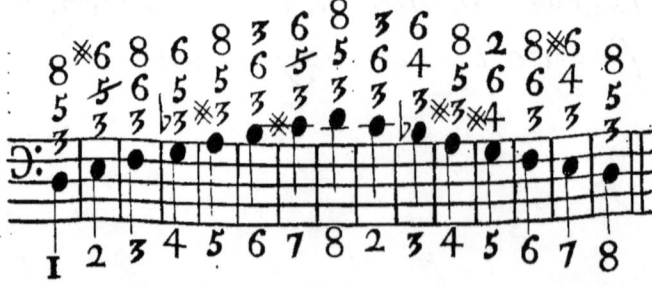

pour la pa 28

Larcin de l'Amour.
Mode Majeur.

Le Modéle de Mode Majeur est le ton de C Sol ut. Il ne demande ni Diezes ni B mols au commencement de la Clef.

Tons Majeurs
Transposés par les Diezes.

C Sol ut.   G re Sol.   D la re.

A mi la.   E si mi.   B fa si.

Tons Majeurs
Transposés par les B mols.
Modéle.

F,ut,fa,   B,fa,si   E,si,mi

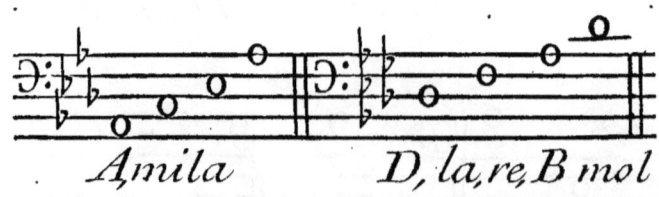

A,mi,la   D,la,re,B mol

Mode Mineur.

Le Modele du Mode Mineur est Amila.

Il ne demande ny Diezes ny B.mols au commencement de la Clef.

Tons Mineurs

Tranposés par les Diezes

Modele.

Amila.   Esimi.   B fa si.

Fut fa. ✶   C Sol ut. ✶

Tons Mineurs
Transposés par les B mols

Music and Books published by Travis & Emery Music Bookshop:
Anon.: Hymnarium Sarisburiense, cum Rubricis et Notis Musicis.
Anon.: Säcularfeier des Geburtstages von Ludwig van Beethoven
Agricola, Johann Friedrich from Tosi: Anleitung zur Singkunst.
Bach, C.P.E.: edited W. Emery: Nekrolog or Obituary Notice of J.S. Bach.
Bateson, Naomi Judith: Alcock of Salisbury
Bathe, William: A Briefe Introduction to the Skill of Song
Bax, Arnold: Symphony #5, Arranged for Piano Four Hands by Walter Emery
Burney, Charles: The Present State of Music in France and Italy
Burney, Charles: The Present State of Music in Germany, The Netherlands ...
Burney, Charles: An Account of the Musical Performances ... Handel
Burney, Karl: Nachricht von Georg Friedrich Handel's Lebensumstanden.
Burns, Robert: The Caledonian Musical Museum ..The Best Scotch Songs. (1810)
Cobbett, W.W.: Cobbett's Cyclopedic Survey of Chamber Music. (2 vols.)
Corrette, Michel: Le Maitre de Clavecin
Crimp, Bryan: Dear Mr. Rosenthal ... Dear Mr. Gaisberg ...
Crimp, Bryan: Solo: The Biography of Solomon
Crotch, William: Substance of Several Courses of Lectures on Music
d'Indy, Vincent: Beethoven: Biographie Critique
d'Indy, Vincent: Beethoven: A Critical Biography
d'Indy, Vincent: César Franck (in French)
Fischhof, Joseph: Versuch einer Geschichte des Clavierbaues. (Faksimile 1853).
Frescobaldi, Girolamo: D'Arie Musicali per Cantarsi. Primo & Secondo Libro.
Geminiani, Francesco: The Art of Playing the Violin.
Handel; Purcell; Boyce; Geene et al: Calliope or English Harmony: Volume First.
Häuser: Musikalisches Lexikon. 2 vols in one.
Hawkins, John: A General History of the Science and Practice of Music (5 vols.)
Herbert-Caesari, Edgar: The Science and Sensations of Vocal Tone
Herbert-Caesari, Edgar: Vocal Truth
Hopkins and Rimboult: The Organ. Its History and Construction.
Hunt, John: - see separate list of discographies at the end of these titles
Isaacs, Lewis: Hänsel and Gretel. A Guide to Humperdinck's Opera.
Isaacs, Lewis: Königskinder (Royal Children) A Guide to Humperdinck's Opera.
Kastner: Manuel Général de Musique Militaire
Lacassagne, M. l'Abbé Joseph : Traité Général des élémens du Chant.
Lascelles (née Catley), Anne: The Life of Miss Anne Catley.
Mainwaring, John: Memoirs of the Life of the Late George Frederic Handel
Malcolm, Alexander: A Treaty of Music: Speculative, Practical and Historical
Marx, Adolph Bernhard: Die Kunst des Gesanges, Theoretisch-Practisch
May, Florence: The Life of Brahms
May, Florence: The Girlhood Of Clara Schumann: Clara Wieck And Her Time.
Mellers, Wilfrid: Angels of the Night: Popular Female Singers of Our Time
Mellers, Wilfrid: Bach and the Dance of God
Mellers, Wilfrid: Beethoven and the Voice of God
Mellers, Wilfrid: Caliban Reborn - Renewal in Twentieth Century Music
Mellers, Wilfrid: Darker Shade of Pale, A Backdrop to Bob Dylan

Music and Books published by Travis & Emery Music Bookshop:
Mellers, Wilfrid: François Couperin and the French Classical Tradition
Mellers, Wilfrid: Harmonious Meeting
Mellers, Wilfrid: Le Jardin Retrouvé, The Music of Frederic Mompou
Mellers, Wilfrid: Music and Society, England and the European Tradition
Mellers, Wilfrid: Music in a New Found Land: ... ... American Music
Mellers, Wilfrid: Romanticism and the Twentieth Century (from 1800)
Mellers, Wilfrid: The Masks of Orpheus: ...... the Story of European Music.
Mellers, Wilfrid: The Sonata Principle (from c. 1750)
Mellers, Wilfrid: Vaughan Williams and the Vision of Albion
Panchianio, Cattuffio: Rutzvanscad Il Giovine
Pearce, Charles: Sims Reeves, Fifty Years of Music in England.
Playford, John: An Introduction to the Skill of Musick.
Purcell, Henry et al: Harmonia Sacra ... The First Book, (1726)
Purcell, Henry et al: Harmonia Sacra ... Book II (1726)
Quantz, Johann: Versuch einer Anweisung die Flöte trave rsiere zu spielen.
Rameau, Jean-Philippe: Code de Musique Pratique, ou Methodes.
Rameau, Jean-Philippe: Erreurs sur La Musique dans l'Encyclopédie
Rastall, Richard: The Notation of Western Music.
Rimbault, Edward: The Pianoforte, Its Origins, Progress, and Construction.
Rousseau, Jean Jacques: Dictionnaire de Musique
Rubinstein, Anton : Guide to the proper use of the Pianoforte Pedals.
Sainsbury, John S.: Dictionary of Musicians. (1825). 2 vols.
Serré de Rieux, Jean de : Les dons des Enfans de Latone
Simpson, Christopher: A Compendium of Practical Musick in Five Parts
Spohr, Louis: Autobiography
Spohr, Louis: Grand Violin School
Tans'ur, William: A New Musical Grammar; or The Harmonical Spectator
Terry, Charles Sanford: Bach's Chorals – Parts 1, 2 and 3.
Terry, Charles Sanford: John Christian Bach
Terry, Charles Sanford: J.S. Bach's Original Hymn-Tunes for Congregational Use.
Terry, Charles Sanford: Four-Part Chorals of J.S. Bach. (German & English)
Terry, Charles Sanford: Joh. Seb. Bach, Cantata Texts, Sacred and Secular.
Terry, Charles Sanford: The Origins of the Family of Bach Musicians.
Tosi, Pierfrancesco: Opinioni de' Cantori Antichi, e Moderni
Tosi, Pierfrancesco: Observations on the Florid Song.
Van der Straeten, Edmund: History of the Violoncello, The Viol da Gamba ...
Van der Straeten, Edmund: History of the Violin, Its Ancestors... (2 vols.)
Walther, J. G. [Waltern]: Musicalisches Lexikon [Musikalisches Lexicon]
Wagner, Richard: Beethoven (Leipzig 1870)
Wagner, Richard: Lebens-Bericht (Leipzig 1884)
Wagner, Richard: The Musaic of the Future (Translated by E. Dannreuther).
Zwirn, Gerald: Stranded Stories From The Operas

Travis & Emery Music Bookshop
17 Cecil Court, London, WC2N 4EZ, United Kingdom.
Tel. (+44) 20 7240 2129
© Travis & Emery 2010

Discographies by Travis & Emery:

Discographies by John Hunt.

1987: 978-1-906857-14-1: From Adam to Webern: the Recordings of von Karajan.

1991: 978-0-951026-83-0: 3 Italian Conductors and 7 Viennese Sopranos: 10 Discographies: Arturo Toscanini, Guido Cantelli, Carlo Maria Giulini, Elisabeth Schwarzkopf, Irmgard Seefried, Elisabeth Gruemmer, Sena Jurinac, Hilde Gueden, Lisa Della Casa, Rita Streich.

1992: 978-0-951026-85-4: Mid-Century Conductors and More Viennese Singers: 10 Discographies: Karl Boehm, Victor De Sabata, Hans Knappertsbusch, Tullio Serafin, Clemens Krauss, Anton Dermota, Leonie Rysanek, Eberhard Waechter, Maria Reining, Erich Kunz.

1993: 978-0-951026-87-8: More 20th Century Conductors: 7 Discographies: Eugen Jochum, Ferenc Fricsay, Carl Schuricht, Felix Weingartner, Josef Krips, Otto Klemperer, Erich Kleiber.

1994: 978-0-951026-88-5: Giants of the Keyboard: 6 Discographies: Wilhelm Kempff, Walter Gieseking, Edwin Fischer, Clara Haskil, Wilhelm Backhaus, Artur Schnabel.

1994: 978-0-951026-89-2: Six Wagnerian Sopranos: 6 Discographies: Frieda Leider, Kirsten Flagstad, Astrid Varnay, Martha Moedl, Birgit Nilsson, Gwyneth Jones.

1995: 978-0-952582-70-0: Musical Knights: 6 Discographies: Henry Wood, Thomas Beecham, Adrian Boult, John Barbirolli, Reginald Goodall, Malcolm Sargent.

1995: 978-0-952582-71-7: A Notable Quartet: 4 Discographies: Gundula Janowitz, Christa Ludwig, Nicolai Gedda, Dietrich Fischer-Dieskau.

1996: 978-0-952582-75-5: Leopold Stokowski (1882-1977): Discography and Concert Register

1996: 978-0-952582-76-2: Makers of the Philharmonia: 11 Discographies: Alceo Galliera, Walter Susskind, Paul Kletzki, Nicolai Malko, Issay Dobrowen, Lovro Von Matacic, Efrem Kurtz, Otto Ackermann, Anatole Fistoulari, George Weldon, Robert Irving.

1996: 978-0-952582-72-4: The Post-War German Tradition: 5 Discographies: Rudolf Kempe, Joseph Keilberth, Wolfgang Sawallisch, Rafael Kubelik, Andre Cluytens.

1996: 978-0-952582-73-1: Teachers and Pupils: 7 Discographies: Elisabeth Schwarzkopf, Maria Ivoguen, Maria Cebotari, Meta Seinemeyer, Ljuba Welitsch, Rita Streich, Erna Berger.

1996: 978-0-952582-75-5: Leopold Stokowski: Discography and Concert Listing.

1996: 978-0-952582-76-2: Makers of the Philharmonia: 11 Discographies Alceo Galliera, Walter Susskind, Paul Kletzki, Nicolai Malko, Issay Dobrowen, Lovro Von Matacic, Efrem Kurtz, Otto Ackermann, Anatole Fistoulari, George Weldon, Robert Irving.

1996: 978-0-952582-77-9: Tenors in a Lyric Tradition: 3 Discographies: Peter Anders, Walther Ludwig, Fritz Wunderlich.

1997: 978-0-952582-78-6: The Lyric Baritone: 5 Discographies: Hans Reinmar, Gerhard Huesch, Josef Metternich, Hermann Uhde, Eberhard Waechter.

1997: 978-0-952582-79-3: Hungarians in Exile: 3 Discographies: Fritz Reiner, Antal Dorati, George Szell.

1997: 978-1-901395-00-6: The Art of the Diva: 3 Discographies: Claudia Muzio, Maria Callas, Magda Olivero.

1997: 978-1-901395-01-3: Metropolitan Sopranos: 4 Discographies: Rosa Ponselle, Eleanor Steber, Zinka Milanov, Leontyne Price.

1997: 978-1-901395-02-0: Back From The Shadows: 4 Discographies: Willem Mengelberg, Dimitri Mitropoulos, Hermann Abendroth, Eduard Van Beinum.

1997: 978-1-901395-03-7: More Musical Knights: 4 Discographies: Hamilton Harty, Charles Mackerras, Simon Rattle, John Pritchard.

1998: 978-1-901395-95-2: More Giants of the Keyboard: 5 Discographies: Claudio Arrau, Gyorgy Cziffra, Vladimir Horowitz, Dinu Lipatti, Artur Rubinstein.

1998: 978-1-901395-94-5: Conductors On The Yellow Label: 8 Discographies: Fritz Lehmann, Ferdinand Leitner, Ferenc Fricsay, Eugen Jochum, Leopold Ludwig, Artur Rother, Franz Konwitschny, Igor Markevitch.
1998: 978-1-901395-96-9: Mezzo and Contraltos: 5 Discographies: Janet Baker, Margarete Klose, Kathleen Ferrier, Giulietta Simionato, Elisabeth Hoengen.
1999: 978-1-901395-97-6: The Furtwaengler Sound Sixth Edition: Discography and Concert Listing.
1999: 978-1-901395-98-3: The Great Dictators: 3 Discographies: Evgeny Mravinsky, Artur Rodzinski, Sergiu Celibidache.
1999: 978-1-901395-99-0: Sviatoslav Richter: Pianist of the Century: Discography.
2000: 978-1-901395-04-4: Philharmonic Autocrat 1: Discography of: Herbert Von Karajan [Third Edition].
2000: 978-1-901395-05-1: Wiener Philharmoniker 1 - Vienna Philharmonic and Vienna State Opera Orchestras: Discography Part 1 1905-1954.
2000: 978-1-901395-06-8: Wiener Philharmoniker 2 - Vienna Philharmonic and Vienna State Opera Orchestras: Discography Part 2 1954-1989.
2001: 978-1-901395-07-5: Gramophone Stalwarts: 3 Separate Discographies: Bruno Walter, Erich Leinsdorf, Georg Solti.
2001: 978-1-901395-08-2: Singers of the Third Reich: 5 Discographies: Helge Roswaenge, Tiana Lemnitz, Franz Voelker, Maria Mueller, Max Lorenz.
2001: 978-1-901395-09-9: Philharmonic Autocrat 2: Concert Register of Herbert Von Karajan Second Edition.
2002: 978-1-901395-10-5: Sächsische Staatskapelle Dresden: Complete Discography.
2002: 978-1-901395-11-2: Carlo Maria Giulini: Discography and Concert Register.
2002: 978-1-901395-12-9: Pianists For The Connoisseur: 6 Discographies: Arturo Benedetti Michelangeli, Alfred Cortot, Alexis Weissenberg, Clifford Curzon, Solomon, Elly Ney.
2003: 978-1-901395-14-3: Singers on the Yellow Label: 7 Discographies: Maria Stader, Elfriede Troetschel, Annelies Kupper, Wolfgang Windgassen, Ernst Haefliger, Josef Greindl, Kim Borg.
2003: 978-1-901395-15-0: A Gallic Trio: 3 Discographies: Charles Muench, Paul Paray, Pierre Monteux.
2004: 978-1-901395-16-7: Antal Dorati 1906-1988: Discography and Concert Register.
2004: 978-1-901395-17-4: Columbia 33CX Label Discography.
2004: 978-1-901395-18-1: Great Violinists: 3 Discographies: David Oistrakh, Wolfgang Schneiderhan, Arthur Grumiaux.
2006: 978-1-901395-19-8: Leopold Stokowski: Second Edition of the Discography.
2006: 978-1-901395-20-4: Wagner Im Festspielhaus: Discography of the Bayreuth Festival.
2006: 978-1-901395-21-1: Her Master's Voice: Concert Register and Discography of Dame Elisabeth Schwarzkopf [Third Edition].
2007: 978-1-901395-22-8: Hans Knappertsbusch: Kna: Concert Register and Discography of Hans Knappertsbusch, 1888-1965. Second Edition.
2008: 978-1-901395-23-5: Philips Minigroove: Second Extended Version of the European Discography.
2009: 978-1-901395-24-2: American Classics: The Discographies of Leonard Bernstein and Eugene Ormandy.
2010: 978-1-901395-25-9: Dirigenten der DDR: Conductors of the German Democratic Republic

Discography by Stephen J. Pettitt, edited by John Hunt:
1987: 978-1-906857-16-5: Philharmonia Orchestra: Complete Discography 1945-1987

Available from: Travis & Emery at 17 Cecil Court, London, UK. (+44) 20 7 240 2129. email on sales@travis-and-emery.com .

© Travis & Emery 2010

www.ingramcontent.com/pod-product-compliance
Lightning Source LLC
Chambersburg PA
CBHW071644160426
43195CB00012B/1351